P.R of CHINA
D.P.R of KOREA
日本海
SEA OF JA
黄海
HUANGHAI
R.of KOREA
Cheju Island
Shang Hai
東シナ海
EAST CHINA SEA
1952km
屋久島
種子島
何故だか与論島
までが鹿児島県
東京
石垣島
与論島
奄美大島
喜界島
283
台湾（石垣島から277km）
久米島
徳之島
札幌（羽田経由で）
鳩間島
多良間島
小浜島
与那国島
石垣島
411km
沖縄本島
石垣島
西表島
宮古島
パナリ
波照間島
竹富島
黒島

# ごあいさつ

毎年、南の島に通うようになったのは那覇や、コザや、石垣島に友人ができたからだ。

彼らは本州のことを「内地」と呼び、アッサンビロとかフラーとか不思議な言葉を話しては自分の車で元池澤夏樹邸みたいなマイナースポットに連れて行ってくれたり、間違いなく地元の人しか行かないようなオバァのスナックで泡盛をご馳走してくれたりした。今、思い出してもワクワクすることばかりだったのに、おいらのバカ、バカ。当時の記録はほとんど残っていないんよ。初めてのことばかりの南の島に浮かれていたんだね。

ついでに、2008年以前、友人や当時の恋人と有名な観光地を巡ったり、ダイビングをしたり、水族館に行ったり、みたいな薄っぺらい旅をしていた時の記録もほとんど残っていないけど、これは別にどーでもいいか。

というわけで、この本では2010年から2014年まで、沖縄（この本では沖縄本島のこと）や八重山（石垣島以西の離島群のことで宮古島は含まれない）を合計40日ほど旅した折の記録と、2009年の屋久島旅の記録を基に、あくまでも北海道人目線で南の島を紹介します。営業時間や代金など、当時と変わった内容については欄外に2014年10月現在の最新情報を掲載するので、そちらを参照してくださいね。

さらに、地元出版社の編集者による島人ならではのお薦め情報や島言葉講座なんかも掲載するので、北海道人（じゃなくても）が南の島に行く時、参考にしてもらえたら幸いであります。じゃ、いい旅を♀　　　舘浦あざらし拝

北海道人のための
南の島ガイドブック
by 宮浦あざらし

屋久島、沖縄本島～

# CONTENTS

ISHIGAKI ISLAND

TAKETOMI ISLAND

TAKETOMI ISLAND

KURO ISLAND

IRIOMOTE ISLAND

北海道人のための南の島ガイドブック～石垣島、竹富島、小浜島、波照間島、黒島、西表島、

IRIOMOTE ISLAND

HATERUMA ISLAND

HATERUMA ISLAND

YAKUSHIMA ISLAND

YAKUSHIMA ISLAND

## 八重山全般 ALL YAEYAMA



## 屋久島 YAKU ISLAND



## 沖縄本島 OKINAWA ISLAND



## 南の島全般 SOUTH ISLANDS

## 暑さに慣れていない初日が一番危険なのだ初日だけで三着必要!?

せっかく八重山諸島を旅するなら、最低でも五日は欲しい。

初日と最終日は移動で終わっちゃうので五日あっても正味三日しかないし、離島との移動時間を考えると五日で四島が限界だからね。今回おいらは**八泊九日**で島めぐりをしてきたのだ。

北海道から石垣島までの移動はツアー会社のフリープランが一番安い（と思う）。いつも使う沖縄ツーリスト札幌営業所（最近、北海道ツアーズに社名を変更した）だと、6月に石垣までの往復エアチケットと石垣島のホテルを一泊付けて**5万円台後半**。格安航空券よりも安いでしょ。レンタカーなどのオプションも超格安なので便利なんよ。

石垣以外の島の宿は当然、直接予約方式ね。**やえやまガイドブックby南山舎**が強い味方だ。

そんなわけで、ヨサコイ騒音の時期は毎年、道外に脱出するおいら。2010年6月5日朝8時半に西野の家を出て**新千歳空港**へと向かったのでした。

服装はごく普通にジーパン、Tシャツ、素足に雪駄。石垣に着くのは夕方だし、今日はこの服装で一日通せるだろうと思ったら甘かったね。暑さに慣れていない初日が一番やられるんよ。

なので、北海道人は途中、那覇空港のトイレで半ズボンに着替えて、ついでに、おいらのようにTシャツの下に下着を着ているおっちゃんはそれを脱ぐべし。

車中で朝食。運転しながらなのでにぎり飯ね。空港に着いたら旅先で配るための北海道みやげを買う。ベタだけど、生きてるマリモ[※1]が入った小瓶とか各種キャラメルが沖縄では喜ばれるし、かさばらなくていいのだ。

ちなみに、おいら、東京はもちろん那覇に行く時も待ち時間がもったいないから手荷物は絶対に預けない主義だけど、今回は乗り継ぎ2回だし、那覇空港と違って石垣空港は小さいので、手荷物の大半を預けて身軽に過ごす作戦に変更。快適でした。

10時半発のJAL508便に乗り、正午に羽田着。すぐに乗り換えるので、空港でマグロカ

※1……マリモは高温に弱いので沖縄のおみやげには適さないことがその後判明。新城家にプレゼントしたマリモくんは冷蔵庫で暮らしている（涙）　※2……旧空港からの料金　※3……2014年9月30日現在の人口は4万8778人なのでほとんど変わってないのね

aピーカンの石垣空港（2010年なので旧空港ね）　bホテルの前が美崎通り（飲食店街）　c黒豚（アグー）のキューピーさん。今回の旅はこの黒豚にずいぶん救われた

# 北海道人のための南の島ガイド
## 石垣島

ツサンド（美味☺）と飲み物を買って、トイレを済ませて、12時35分発JAL917便に駆け込む。それにしても、JALのCAって気持ちいい人が多いね。ずーっとANA派だったけど、ここ数年でJAL派に宗旨変えしたなり。

午後3時15分。ちょいと遅れて那覇空港に到着。直行便がなくなったので那覇まで5時間近くかかる。ここから石垣島までの飛行時間は30分もないんだけど、平気で30分ぐらい遅れて飛び立つところが沖縄《ウチナー》タイムというか、てーげー（アバウト）なところで、北海道だって冬のバスや鉄道が時間通りに来ないのは当たり前なので、こんなに遅れるんならオリオンビールの一杯も呑めたのに〜とイライラしてはいけない。じっと待つべし。

そんなJTAの秀逸な点が機内誌だ。隔月刊のコーラルウェイ。昔から本当によくできている。今はなき月刊うるまや沖縄スタイルと肩を並べる沖縄の名雑誌だ。しかも、八重山の記事が多い。今回もパラパラとめくると、八重山ボタルなど珍しい八重山の生物の特集が面白いのなんのって。あまりにも面白いので北海道では数少ない定期購読者になっちゃったもんね。

### 台湾まで277㎞☺ 札幌から函館まで車で走るよりも近いのだ

結局30分遅れで飛び立ったので、石垣空港着も30分遅れの夕方5時。千歳から6時間半かかったなり。台湾までは2時間かからない。救いなのは石垣空港からホテルや飲食店が建ち並ぶ石垣市内までが近いこと。大型タクシーでも1000円かからない距離だ※2（ちなみに北海道の大型タクシーは廃止済み）。なので、1000円以上かかったら遠回りされたってことだね。

この小さくて便利な空港を使えるのもあと少しって知ってた？

あれほど反対運動が盛り上がった石垣新空港は2011年6月に工事を着工して、'12年10月に完成予定。場所が遠くなるので旅人にとっては迷惑な話だぜ。

夕方5時15分、ツアー会社が用意したホテルピースランド石垣島にチェックイン。どうせ寝るだけだからホテルのグレードなんてどーでもいいのだ。テレビがテレビデオでも全然いいもんね😄。飲食店街と離島ターミナルに近いだけでありがたいぜ。

このあと夜7時に南山舎の上江洲さんと待ち合わせているので、ちゃちゃっとシャワーを浴びて街に繰り出した。

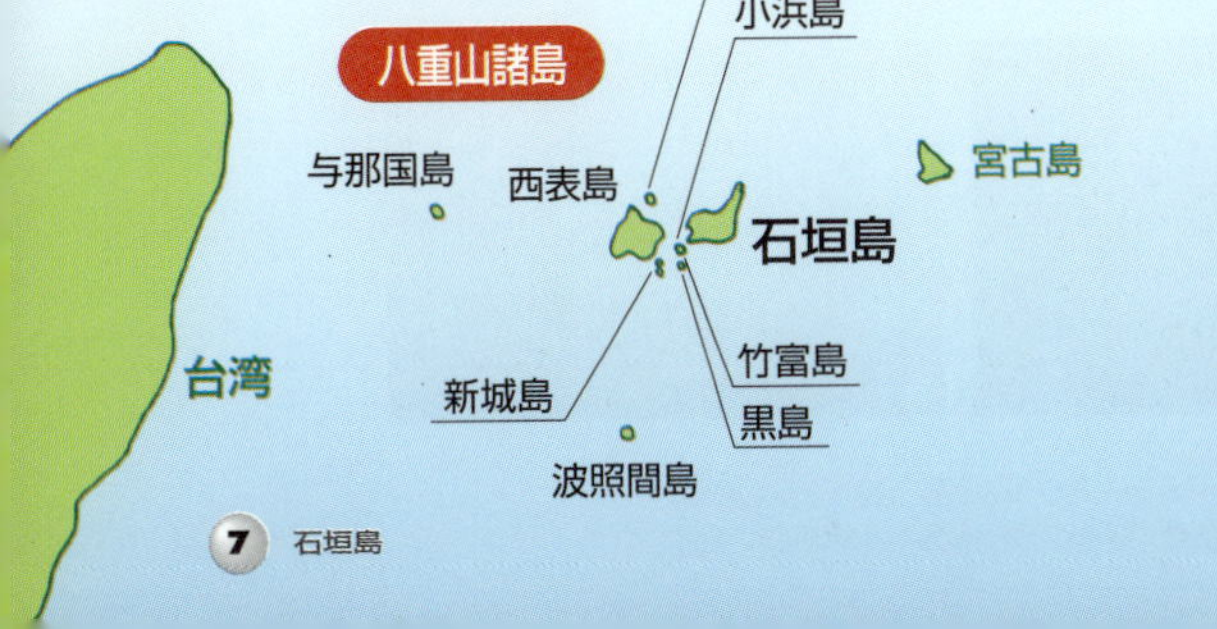


石垣島……北緯24度20分／東経124度09分
人口4万8746人（2011.01現在）※3
周囲162.2㎞／面積222.63㎢
木古内町の面積（221・88㎢）とほぼ同じ

石垣島➡沖縄本島　411㎞
石垣島➡福　岡　1260㎞
石垣島➡東　京　1952㎞
石垣島➡稚　内　2820㎞
石垣島➡台　湾　277㎞

もう夕方5時半だし、これから夜になるし、ってんで、ジーパンとTシャツにさらに半袖シャツを着て、ホテルから歩くこと3分で死んだね。暑い。なんなんだこの蒸し暑さは。北海道人は湿度に慣れていないのだよ。頭皮から大量の汗が流れ落ちる。

すぐにホテルに戻って、汗でベチョベチョの衣類を床に投げ捨てるように脱いで、明日から着るはずだった**リゾート用の短パン**を履き、**素肌に直接Tシャツ**を着て、髪を乾かし、激しく扇子であおぎながら再び街へ。

石垣島の面白い店のほとんどは大川、美崎町辺周に集まっている(と思う)。以前大歓迎してくれた**ゆうくぬみ**の直子さんが運悪く旅行中だったので近くの**やちむん館**や**箱亀**※4に入っては、この店で一番涼しい場所はどこですか? と尋ねては涼んだ。

よく考えたら、おいら、真冬でも絶対靴下を履かないほどの暑がりだった。あざらしだけに寒さには強いけど暑さには弱いのだ。でも、人間ってすごいね。1時間も歩いたら慣れてきたさ。

## 石垣島ではまず山田書店に行くのが通な旅人なのだ

**ゆいロード**の**山田書店**に入ると欲しい本だらけで困る。県産本が充実しているんよ。でも、まだ旅の初日だもんね。重い荷物を増やしたくないので、帰りに買うことにして早々に脱出。

裏口から出ると、**あやぱにモール**※5改め**ユーグレナモール**だ。向かいの**やーるー**※6に入ると、美人の店員さんが飲食店の穴場を教えてくれた。札幌出身の女性が始めた**エスト**というバーがお薦めらしいけど今回はパスね😁。

金城次郎のヤチムンを見たくて**宗綾**※7に入ったら大収穫。とっても上品なマダムにシーサーに関する目からうろこの話を教えてもらったのだ。この話はコラム※8でじっくりするね。おっと、上江洲さんとの待ち合わせの時間だ。またまた汗をかいたので慌ててホテルに戻って着替える。

すぐに居酒屋に行くのかと思ったら、**八重山ボタル**を見に行くんだって。ピークは過ぎたけどまだまだ見頃とのこと。日没後30分だけ光る幻のホタルだ。

上江洲さんの車で10分ほど走って**バンナ岳**へ。カタカナ名の山があるのは北海道と八重山の共通点だね。ただし、山と言っても丘程度。最高峰の**於茂登岳**《おもとだけ》でも標高526mだもんね。中山峠が標高831mあることを考えると八重山は平べったいぜ。

夕暮れの**バンナ岳**はホタルを見に来た恋人たちでいっぱいだ。

結果、大感動でした。**八重山ボタル**は幼虫も陸生なので、水辺と関係なく森の中を乱舞するんよ。まるで森全体がクリスマスのイルミネーションみたいでロマンチックなのなんのって。

この後、**南山舎**の若手二人も合流して、**ゆいロードの森のこかげ**で呑み始めたのが夜9時なり。出版の未来について熱く語りつつ、口の中が真っ黒になる**イカ墨チャーハン**や**アーサーの天麩羅**を食べたり石垣島の泡盛、**玉の露**を呑んだりして深夜0時半まで盛り上がったんだけど、だめだ。全然呑み足りないよぉ。

※4……2009年にオープンした石垣島雑貨のセレクトショップ　※5……2010年3月14日、命名権の譲渡により名称を変更
※6……2010年にオープンした洋服と小物の店　※7……琉球古典焼の名店(2009年、大川に移転)　※8……37ページ参照

a バンナ岳から望む竹富島。近いし平らだね　b 八重山ボタルの撮影を試みたけど失敗。ホタルの発光は求愛行動なのだ　c 夜の美崎通り。スナックMANTAが気になった

**宗綾**　石垣市字大川198（八重山郵便局向かいのホテルベルハーモニーの中小路を入ると左手）金城次郎の作品など琉球古典焼が多数展示してあって丁寧に説明もしてくれる。販売用シーサーも本格的な逸品が多い。9:00〜19:00　☎0980·83·0406

**箱亀**　石垣市字大川219（八重山郵便局の近く。ユーグレナモールと平行する中央通り沿い）狭い店内に可愛いオリジナルバッグや手ぬぐい、紅型Tシャツ、手作りアクセサリーがびっしり。島サンダルは2100円。9:00〜21:00　☎0980·87·0271

**森のこかげ**　石垣市字大川199（ゆいロード沿い）ひとりで行ってもカウンター席があるので安心。あざらしのお薦めはイカ墨チャーハン700円。玉の露はもちろん泡波もある。マスターが素敵なのだ。17:00〜23:00（木曜定休）　☎0980·83·7933

**山田書店タウンパルやまだ**　石垣市字大川204（八重山郵便局の近く。ゆいロード沿い）ウチナーグチの本とか沖縄県産本の品揃えは日本一。波照間の「ぴぬむとぅ」やコザの和宇慶先輩の本も発見♀　9:00〜21:00（日曜は10:00〜）☎0980·82·2511

**やちむん館**　石垣市字大川219（八重山郵便局の近く。ケーキのメームイの並び）白保の紗夢紗蘿の民芸品や若手作家の焼き物が店内にびっしり。ペンギン食堂のラー油が辺銀愛理の本とセットで売っていた。10:00〜19:00ぐらい　☎0980·83·2536

**ホテルピースランド石垣島**　石垣市美崎町11（石垣市役所の近く。竹富町役場の並び）通常料金は朝食付きツインで1名5000円。旅行会社を通したらさらに安かった。全室2ドア冷蔵庫完備ってところが家庭的な風情で落ち着く　☎0980·82·0248

**ゆうくぬみ**　石垣市字大川10（八重山郵便局の近くの中小路沿い）ぜんざいと八重山そばの店。写真は女将の長田直子さん。息子氏が酪農学園大学に通っていたこともあって道民は大歓迎なり。11:30〜16:30ぐらい（日曜定休）　☎0980·82·4397

Yahruu
やーるー
men's women's
apparel
accessories
sundries
家守
ヤモリ

**やーるー**　石垣市字大川207（ユーグレナモール内。山田書店裏口の目の前）リゾートワンピース2900円など手頃な価格で旅の服が買える店。無地のTシャツやオリジナルのバックも可愛い。ヤールーはヤモリのこと。10:00〜21:00 ☎0980·87·0192

**■ここまでにかかったお金**

| | |
|---|---|
| 新千歳空港までの高速道路代 | 土曜なので1000円 |
| 新千歳空港でのおみやげ代 | 5人分約4000円 |
| 石垣島までの飛行機代 | 約2万7500円 |
| 羽田空港でのランチ代 | 750円 |
| 石垣空港からのタクシー代 | 約1000円 |
| ホテルからの移動代 | 徒歩なので0円 |
| 石垣島での買い物代 | 結局見ただけなので0円 |
| 石垣島での居酒屋代 | 上江洲さんのおごりで0円 |
| ホテル横のコンビニで買ったジュース代 | 450円 |
| 石垣島でのホテル代 | 約4000円 |
| 合計 | およそ3万8700円 |

# 石垣島で立ち寄った店その1

※赤文字は2014年10月末現在に修正したデータです

## 竹富島行きの船には行列ができているのに黒島行きは……!?

八重山旅二日目――。

朝からドピーカン。ホテルから一歩外に出たとたん、お日様が本気なことがわかった。まだ朝の9時過ぎだというのに、そんなに本気出さないでくれよぉ。

もちろん朝から半ズボンだけど、ホテルから**離島ターミナル**までの徒歩5分がつらい。地元のおばちゃんは皆涼しげな顔で歩いているのに、ひとりだけ汗びっしょり。それが北海道人。

八重山の各島に行く船はすべて石垣の**離島ターミナル**から出ているので便利……なんだけど、旅人にとっては非常に不便だ。

たとえば、本日のおいらの予定。日中は黒島で遊んで、夕方、竹富島に移動して一泊するんよ。ところが、黒島から竹富島に立ち寄る船がない。竹富島のすぐ横を素通りして石垣に戻るのね。

明日の竹富島から西表島も同様だし、西表島から波照間島なんて、東にずーっと走って石垣島に一度戻ってからまた西へ走るという大いなる遠回りなり。※1

人の流れも物流も石垣島と各島とのアクセスで用が足りるので、離島間の船は現状では必要ないってことか。これには役場の問題もある。石垣島と尖閣諸島は**石垣市**、与那国島は**与那国町**。ほかの島は行政区分ではすべて**竹富町**になるんだけど、竹富町役場が、なんと、**石垣市**にあるんよ。本来だと竹富島にあるのが筋でしょ。でも島には適当な土地がない。面積が広い西表島には土地はあるけど、竹富町役場が西表島にあるってのは竹富島民のプライドが許さない。というわけで、どこの島民にも便利な石垣島に町役場があるという異常事態が続いているのだ。

仮に西表島に役場ができたら離島間の新規路線が運航※2するので旅人にとっても楽しみが増えるなのになぁ。なんて思いつつ、午前9時半発の**黒島行き高速船乗り場**に並んで笑ってしまった。

だって、**竹富島行き乗り場**は100人近い行列なのに、**黒島行き**に並んでいるのは8人だけなんよ。日曜日なのに。

荷物も少ない。**黒島行きサザ**

※1……現在は西表島（大原港）と波照間島間の不定期便（予約制）あり　※2……2014年10月1日から2015年3月末まで黒島と西表島を結ぶ船が1日2便運航している。西表島大原への町役場移転を見据えた社会実験　※3……アダンはパイナップルみたいな実（食べれない）をつける、八重山では超ありふれた樹

**a**ハートらんどのジンロくん　**b**レンタル自転車に貼られていたシール。黒牛が可愛い　**c**自転車で島めぐりをする旅人をやっと発見

# 北海道人のための南の島ガイド
## 黒島

ンパラダイス（八重山観光フェリー）に積まれた荷物はダンボール2個と新聞少々だけなのだ。

いいねぇ。期待していなかった黒島がどんどん好きになるぞ。

### 30分ほどで黒島に到着「八重山の北海道」でいきなり浮き球発見

石垣島から南西に約18・5㎞。高速船で30分ほどの距離にある隆起サンゴ礁でできた島、それが黒島だ。水が出ないので農業は難しく、島の主幹産業は酪農と観光。人口200人ちょっとだけど、牛は2500頭もいる。

そのため黒島は「八重山の北海道」と呼ばれているのね。確かに、サトウキビやアダン※3といった南国的な風景ではなく、見慣れた牧場が広がっている。

島の周囲は12・6㎞。ということで島めぐりは自転車で十分だ。船を降りると、まっちゃんおばーのレンタサイクルの看板を持った女の子が立っていたけど、ごめんね。ターミナル前のハートらんどで借りると決めていたのだよ。

理由はオリジナルの黒島マップをもらえるから。このマップ、実際に役立ったし、虹ポイントとか、サバニ漁をしてるオジィに会えるかもポイントとか、独自の見所が楽しいのです。

へぇーっ。黒島って上から見るとハートの形をしているので、店の名前がハートらんどなんだ。

コーギーのジンロくんに別れを告げて、ギアなしママチャリで、いざ発進。最初の目的地はウミガメが上陸する西の浜だ。

牛汁の店なんくるの手前を右折して……って、だめだね。北海道人の距離感覚で走ったら、とっくに通り過ぎていたなり。頭皮から流れ落ちる汗がしみて目が開かないという事情も少々。

かわりにあーちゃん食堂を発見。地図に出てないってことは新しい店なのかな。開店準備をしているおばちゃんと目が合ったので、「おれも、あーちゃんです」と言うと笑った。やはり、開業してまだ1年経っていないとのこと。

まずは島を一周したいので店には立ち寄らず、フキの浜へ。隆起したサンゴが岩となり、潮で削られて牛の形をしているということで、どの本にも出ている景勝地なんだけど、ダイナミックな奇岩を見慣れた北海道人にとってはイマイチなり。ごめんなさい。

でも、おおっ。思いがけず浮き球を発見。

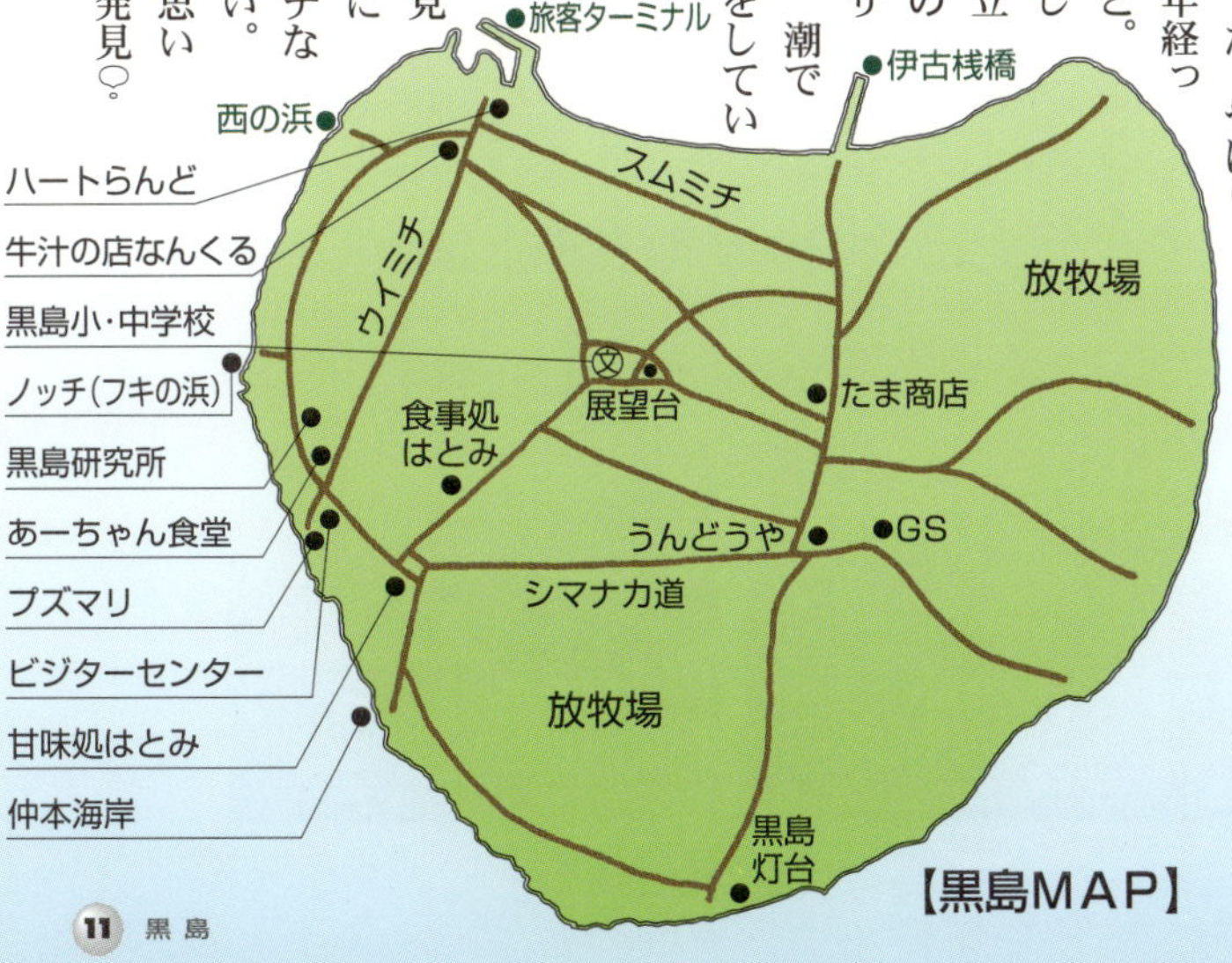


【黒島MAP】

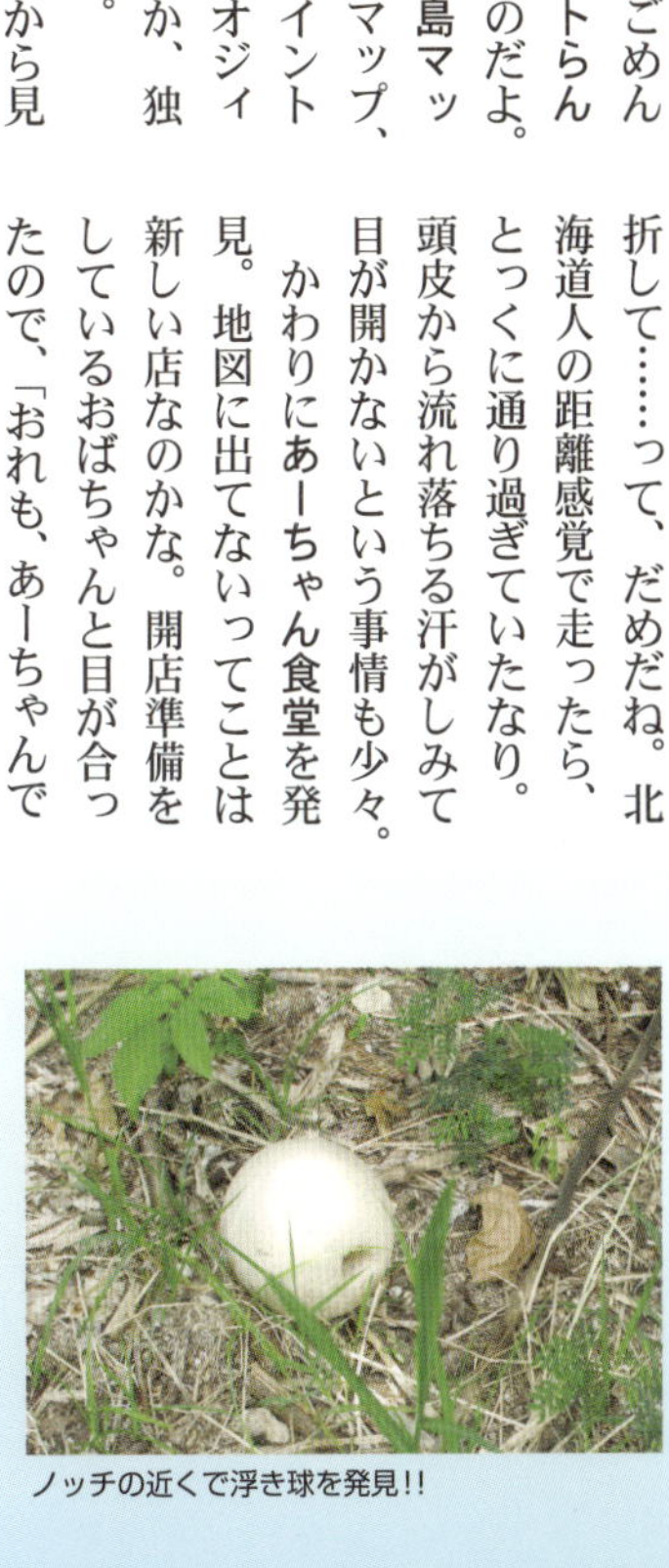

ノッチの近くで浮き球を発見!!

浮き球野球の浮き球だよ。詳しくは椎名誠アニキの本を読んでくれぃ。北海道人は浮き球は本部から配給されるか、沖縄のタルケンさん（天才カメラマン）にわけてもらうものと思っていたので感激～💭。そうか、本来、浮き球は拾うものだったのだ。

試しに黒島で浮き球野球の話をしたら、「面白そうだなぁ」と興味を示してくれたのが先ほどのあーちゃん食堂の平良正仁さんなのだ。で、なんと、約束を守って、後日ダンボール一杯の浮き球を送ってくれたんよ。

感謝、感謝💭&できるものなら西野くまくま団で黒島遠征して、黒島ヤシガニ団と一戦交えて浮き球野球を広めたいなり。

## 黒島ではハヒフヘホがパピプペポなので葉はパ、浜はパマなのだ

入館料300円を惜しんだわけじゃなくて、短期滞在のおちゃらけた旅人を寄せ付けない雰囲気に負けて黒島研究所には入れなかった。研究員がいたらサンゴやウミガメについて色々教えてくれたんだろうなぁ。残念。

その点、黒島ビジターセンターはゆるい風情（☞右写真）なので、超気軽に立ち寄れた。

館内にはおじさんがひとりいるだけ。入るとすぐに陽気な民謡が聴こえてきた。一日中島民謡をかけているのだ。それにしてもエアコンがないので暑い💭。

でも、おじさんが座ってる入口付近は風が通るので涼しぃ～。風ってすごいね。まずは世間話。

口蹄疫の影響はないですか？

「セリができないからねぇ。本当なら二日間かけてもさばけないぐらい出荷するのに」

黒島は全国のブランド牛の子牛を出荷していて、奇数月の13日にはセリが開催されるんよ。

「積んである石はみんなサンゴでできています。だいたい2万年くらい前の石です。その石が風化したり、焼かれたりして、細かくなって土に変わったわけです。黒島はサンゴが隆起してきてできた島で、今でも隆起しているんですよ。1年で1ミリぐらい高くなっているんです」

沖縄本島と石垣島だと言葉が違うのは知っていたけど、同じ八重山でも石垣島と黒島で言葉が違うことも教えてもらった。

たとえば旅人を迎える言葉。「ようこそ」は沖縄本島だと「めんそーれ」だけど、石垣島は「おーりとーり」、黒島では「わーりたぼーり」となる。たぼーりは賜る。わーりは「おこし」なので、直訳すると「おこしいただいて、たまわります」だ。

ちなみにアイノ語では「エオ

※4……このクジャクはインドクジャクで、竹富町では害鳥として駆除しているため、2014年7月の調査では1000羽以上いた黒島のクジャクは388羽まで減少

aランチを食べる予定だった食堂はセルフサービスの売店なのだ　bは仲本海岸にある南見家（パイミヤ）　cクジャクがあちこちにいる※4

ロハンケコ」。遠い所からまあようこそ、という意味だよ。

「黒島はハヒフヘホがパピプペポになるんです。石垣はなりません。黒島では葉はパ、浜はパマです」

なるほど。だから、看板にはフズマリと書かれているけど、島の人はプズマリと言うんだ。

西をイリと読むのは沖縄共通だけど、東は島によって読み方が変わる。石垣ではアガリ、竹富ではアイノタ、黒島ではアガリノマが縮まってアリマと読むとおじさん(宮良哲行さん)が教えてくれた。説明してくれている間もずっと島民謡がかかっていて三線の音色が心地いい。

風が止まったらしく、また汗が滝のように出てくる。指ハブとかバンダナとか民具作りを体験したかったけど、暑さに負けて断念。北海道人は損だよぉ。

北海道に戻って資料を見たら、宮良さんが三線の名人で、三線体験もやっていることを知った。「黒島口説」聞きたかったなぁ。

## 牛祭りのクイズの景品は那覇行き航空券となんと、牛一頭なのだ◯。

カゴ付きギヤなしのママチャリで島めぐりを再開。それにしても誰もいないぞよ。日曜なのに旅人はいないのかよぉ。と思いつつ、プズマリというサンゴの岩の展望台に上がって海を見たら、ダイビングツアーの観光客がいっぱいいた。ダイビング用の船の方が島に来た高速船より混んでるかも。黒島は新城島《パナリ》とセットでダイビングポイントとして人気があるのだ。マンタに遭える確率も高いらしい。


島の最南端まで行って折り返すと、牛の数がぐんと増えた。黒動物同士だからかな。牛とカラスが仲良くしている。

石垣の森のこかげで女性客から聞いた話だと、黒島最大のイベント、牛祭りを見に行ったら、去年はちょうどチリの大地震に当たって、祭りが途中で中止になったそうだ。景品として牛一頭が当たるメインのクイズだけパパッとやって、あとは中止。本当は牛の体重当てクイズ（石垣から那覇の航空券が当たるからみんな必死）とか、牛と綱引きとか、闘牛などもやるはずだったって。まさしく牛祭りだぜ。

牛祭りは毎年2月の最終日曜日に開催。人口200人の島に2,500人以上の観光客が訪れる

**d**レストランパームツリーの前で見かけた北海道っぽい光景　**e**灯台から東筋へ向かう道　**f**黒島小中学校の運動会の手描きポスターがあちこちに貼られていた

もうすぐ正午。ママチャリ激走で空腹だというのに、食堂はどこも臨時休業なり。さらに10分激走して、結局、**あーちゃん食堂**に入る。**パーラーあーちゃん**と書いてあるけど、**あーちゃん食堂**の方がぴったりくるぜ。

エアコンじゃなくて扇風機なので、からだが冷え過ぎなくて、かえってありがたい。**シークワサージュース300円とヤシガニそば1500円**を注文する。

「ヤシガニそばは15分から20分ぐらいかかりますよ」

まさかこれから捕りに行くんじゃないですよね😄

「カニは傷みやすいので冷凍してあるんです。解凍するのに時間がかかるの。生きてるヤシガニなら店の前にいますよ」

見ると、でかい。店主の平良正仁氏がヤシガニ捕りの名人で、昨夜も8キロ捕ってきたので、すぐに茹でて冷凍したそうだ。

もう一軒の食堂はヤシガニそばは予約制だけど、「こっちはいつ来ても99％食べれるよ」。

ヤシガニは冬は冬眠するので、冬眠あけは身減りして美味しくない。ちょうど6月ぐらいからおいしくなるそうだ。つうか、南国でも冬眠って言うんだね😄。

どーやって捕るんですか？

「カニの宿があるのさ。ひとり出て行ったらまた次のが入るの」

なるほど、穴さえ覚えたら永遠に捕れるんだ。なんと便利な。

「ハサミでやられたら危ないからコツがいるんだわ。見えてるけど捕れないことも結構あるんだよ。それを夜やるの。ハブもいるし、素人さんは無理だねぇ」

ちなみにハブに噛まれたら、診療所で処置をしてヘリで石垣に運ばれるというおおごとになるらしい。腫れたらすごいしね。

店内は陽気な島唄のBGM。見ると**ウェルかめ**のポスターが貼ってある。NHK連ドラで最低視聴率だったらしいけど、唯一おれが見た連ドラだ。黒島も二週間ほど舞台になったそうだ。

「おじさんもちょっと出てたんだよ。居酒屋の場面で」

民宿もやっていて、クーラー完備の食堂があるのに、みんなこっちがいいって店で食べるんだって。わかるなぁ。楽しそう。

札幌の話題が出たので人口を質問すると、「知ってるよ。すごくいるんでしょ。1万人？」

190万人※5と言ったら、ぶったまげていた。人口200人の島だもんね。冬に来ると**夜光虫**が見れるとのこと。「きれいよー。月の晩は見れないけどね」

今日、船に8人しか乗っていませんでしたよ、って言ったら、「多い方よ」だって。ぎゃはは。

もっとゆっくりしたかったけど船の時間なので泣く泣く店を出た。結局13時25分まで店にいて、激走して5分で船乗り場へ。13時40分の船もがらがらでした😄。時間を持て余すと思ったら、意外と奥深かったなぁ黒島。是非ともまた来たい島なのだ。

※5……正確には194万3598人（2014年11月1日現在）

**a** あーちゃん食堂のヤシガニそば1500円　**b** 北海道の阿寒町（現釧路市）で見つけた黒島牧場。開業は終戦直後の昭和20年。黒島が「八重山の北海道」と呼ばれていることを考えると感慨深い。北海道なので牛はホルスタインだけどね　**c** しかも山羊を飼ってる😄

**ハートらんどレンタサイクル＆島カフェハートらんど**　（ターミナルの目の前）レンタル自転車は1時間200円（1日1000円）。カフェのお薦めは島味噌を使った自家製味噌そば600円、アイスクリームの天ぷら500円。8:30〜18:00 ☎0980·85·4007

**民宿＆パーラーあーちゃん**　竹富町黒島宮里（ビジターセンター近く）牛そば700円、魚汁700円、アバサー（ハリセンボン）汁800円、サヨリフライ定食700円など。民宿は1泊2食5500円、6000円（トイレ、風呂付き）11:00〜14:00 ☎0980·85·4936

**ノッチと振り向き牛の岩**　隆起サンゴ礁の岩が波で削られてキノコ状なのがノッチ。ひとつが牛の形に見えるんだけど、ゴミが散らかってるし、砂浜も少ないし、海もたいしてきれいじゃなかった。砂浜を見たいなら旅客ターミナル近くの**西の浜**へ

**プズマリ**　サンゴの岩を積み上げた高台。登ると宮里海岸を一望できる。琉球王朝時代は灯台代わりにここから烽火をあげていた。「黒島口説」という島民謡ではメーヌ（ノ）タカムイと唄われている。※崩落の危険があるため、現在は立入禁止です♀

**黒島ビジターセンター**　1983年開館。黒島の自然や文化が展示されている。親切なおじさんが常駐していて予約なしで民具作りや三線演奏が体験できるし島の話も教えてくれる。入館無料。9:00〜17:30（10月〜3月は17:00まで）☎0980·85·4149

**迎里御嶽**　黒島には御嶽（わん）と呼ばれる場所が10カ所ある。鳥居があるのでお参りしたくなるけど、島民にとっての信仰の聖地なので、旅人がむやみに立ち入ってはいけない。島によって御嶽の呼び方は変わるけど、立ち入り禁止は共通なのだ

**仲本海岸**　人気のシュノーケリングポイントということで自転車がいっぱいあった。島内には**うんどうや**☎0980·85·4308や**クロシマ**☎0980·85·4280などダイビングショップが3社あるし、**黒島研究所**ではライフジャケットを無料で貸し出している

**黒島灯台**　恋が実る縁結びの灯台と言われている（らしい）。島の最南端ということで風景を期待したけどイマイチだった😑。**仲本海岸**の方がパナリ島が見えてよかった。ここから東筋（あがりすじ）に向かう道は低い石垣があってなかなかいい感じ

**■黒島で遣ったお金**

| | |
|---|---|
| 石垣島からの船賃（往復） | 2160円 |
| 船内で飲んだジュース（往復） | 300円 |
| レンタサイクル代（3時間半） | 750円 |
| 浮き球1個 | 拾ったので0円 |
| ビジターセンター入館料 | 0円 |
| ヤシガニそば（あーちゃん） | 1500円 |
| シークワサージュース（あーちゃん） | 300円 |
| 黒島みやげ | 買う暇がなかったので0円 |
| **合計** | **きっかり5010円** |

# 黒島で立ち寄ったポイント

※赤文字は2014年10月末現在に修正したデータです

## 竹富島には島外の人間に土地を売らないという竹富島憲章があるのです

楽しかった黒島から高速船で30分。途中、竹富島を横目で見ながら石垣島に戻った。竹富島に行くためには一度石垣島に戻らなくてはいけないからね。

ここでワンポイントアドバイス。船会社が数社乗り入れている島に行く時は安易に往復キップを買っちゃいけないぜ。帰路、ちょうどいい時間に船があっても会社が違うために乗れず、無駄に待つ可能性があるからね。10円ぐらいの往復割引に惑わされないで片道ずつ買うべし。実際、黒島は行きと帰りで会社を変えて正解だった（相互利用可の航路もあるけどね）。

せっかく石垣の離島ターミナルに戻ったので、売店で食料品を調達した。何しろ、今宵の宿は食事付きじゃないので、夜は外食できるとしても、朝はどこもやってないだろうからね。

竹富島は石垣島から西南西に約6・5㎞。高速船でわずか10分、片道たったの580円※1で行けちゃう超お手軽な離島だ。

しかも、始発は朝7時半で、最終は夕方6時ごろ※2。三社で一日30往復ほど船が出ているので、石垣島の中をバスで旅するよりもはるかに便利なり。そんなわけで、竹富島は八重山の離島の中で一番人気だ。観光客の数は年間40万人と言われている。毎日1000人以上が島に渡っている計算だ。なので、おいら、あまり乗り気じゃないんよ。人が多いところって苦手だからさ。さっきまでいた黒島が、人も少ないし商売っ気もないしで好印象だっただけに、余計気が重い。

んだけど、石垣、白い砂の道、赤い瓦屋根の家、水牛が引く車。北海道人にとっては完全に異国の風景だよね、竹富島って。憧れちゃうのも無理ないでしょ。

さらに、島の景観は「集落景観保存調整委員会」が管理していて、1987年には「売らない、汚さない、乱さない、壊さない、生かす」という竹富島憲章が制定されているのだよ。秩序なき乱開発から景観を守ることはもちろん、島の伝統や文化を守り、生かそうという憲章だ。

※1……2014年10月末現在690円　※2……10月11日～3月31日は17:45　※3……島のタクシー会社がイチャモンをつけたり、狭い島にもう1社バス会社を作ったりで、現在はバス停でしか乗降不可。しかも、集落に行く前にビーチに寄るコースなので、観光客のみならずバスを利用する島民にも大不評だ

a 宿を間違えた竹富島交通のギバちゃんこと稲垣稔氏。銀婚湯の洋平さんとも似てるぞ　b やっと見つけた宿（あらや）の中。布団もあるし扇風機もある　c 目印のなごみの塔。右上の写真は塔の上から見た町並み😊

ついでに、宿泊施設以外での宿泊も禁じている。島での野宿やキャンプは例外なく禁止なり。いいなぁ。こーいうナショナリズム。本州資本や中国マネーに土地を売りまくっている北海道も見習わなくては。

## 竹富島のバスって行きたい場所まで乗せてくれるんだね ※3

黒島は晴れて暑かったのに竹富島は天気が全然違っていた。雨かよぉ。港から宿まで、町並みを楽しみながらぶらぶら歩く予定だったので、軽く途方に暮れていたら、**待合所**の横に**バス乗り場**があって、そこに白いワンボックスカーが停まっていたので、とりあえず乗ってみた。

そしたら笑ってしまったさ。行き先を告げると連れて行ってくれる方式なんよ。タクシーみたいでしょ。しかも200円。こんなに安くて親切な交通機関があるのかと半信半疑でいると、三組の客を乗せたバスはあきらかに本来のコースとは違うと思われる砂利道に折れた。前に座っている女の子二人連れが、どこだかの牧場に行きたいと告げたからだ。もちろん、ほかの乗客も道連れなり。しかもギバちゃんに似た運転手の兄さん、道を間違えたらしく、砂利道でUターンしているでないの。道を間違えてUターンするバスって……。

あ、山鳩だ。山鳩ってどこにでもいるんだね。お、牛の背中に白いサギが乗ってるぞ。共生かな。寄り道もまた楽しみなり。

牧場で一組降ろして、次の一組を町の中心部で降ろす頃には天気も回復していた。いいねぇ。

**なごみの塔**の近くの**あらや**が、今宵の宿なので、そう告げるけど、ギバちゃんにはわからない。無理もない。**あらや**が宿として営業していたのはずいぶん昔の話で、今は石垣島の**南山舎**の上江洲さんの別宅なのだ。宿賃なしで一宿させていただくことになり、昨夜、鍵を借りてきたんだけど、看板も表札もないとのこと。竹富交通の稲垣さん（ギバちゃんのことね）が無線で確認した末、「ここです」と降ろしてくれたのはずいぶんと古い家の前だった。なるほど、別宅だけあって人が暮らしている気配はないぞ。

けど、おかしいなぁ。鍵が合わない。上江洲さん、鍵を間違えたのかな。というか、おおっ。最初から鍵が開いていた。中に入ると、電気が止められている風情。しかも、布団がない。毛布が一枚あるだけ。

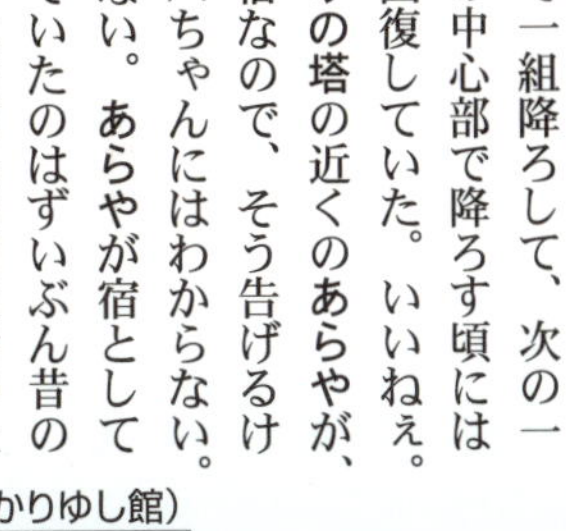
ゆがふ館

## ギバちゃんのバカー 危うく不法侵入者に なるところだったぜ

家の中は汚いし、ううむ。ここが本当にあらやなのだろうか。こんなことなら、宿賃を節約せずに普通に民宿に泊まればよかったかも……。とりあえず、雨戸を開けて、縁側に腰をおろして**離島ターミナル**で買ってきたスナックパインを食べるとしよう。旨い。スナックパインって見た目は普通のパイナップルなのに、ナイフなしで食べられるから優れ物だよね。値段も一個350円ぐらいと手頃なり。

家の中を見回すと、やっぱり不安なので近所の人に訊こうと歩いたけど、なぜかどの家も留守。歩いているのは観光客ばかりだ（ちなみに竹富島の人口は300人ちょっと）。すると、おいらの好きなタイプのしぶいおじいの唄声で安里屋ユンタが聴こえてきた。**新田観光**の水牛車だ。三線を弾きながら唄っている。いいねぇ。名物水牛ガイドの有田修さん(66歳)なり。

やっと一軒おっちゃんがいたので訊くと、**あらや**など知らぬと言う。仕方がないから、それらしい空き家に片っ端から鍵をさしてみた。犯罪者っぽいぞ😊。

水牛と目が合ったついでに**新田観光**のおじちゃんに訊いたら、なんと、一発で正しい場所を教えてくれたのだ。なんと、さっき知らないとぬかしたおっさんの家のすぐ近く。移住者か？

おおっ。立派な門構え。鍵も合うぞ。当たり前だけど感激。中はきれいで、布団もある。布団に感動。最初の家で寝てたら危なく不法侵入者になるところだった。ギバちゃんのバカー。

## 竹富島も平坦なので ギヤなしママチャリで 島内を激走したのだ

晴れたので、日没まで自転車で島めぐりをすることにする。

黒島同様、竹富島も平坦だし、周囲たったの9・2㎞だし、島の南部は立ち入り禁止なのでギヤなしカゴつきママチャリで十分だ。**新田観光**で自転車を借りようとしたら1時間300円だって。高い。いろいろ調べて、**ぽち**で24時間1000円のピカピカの自転車を借りる。宿まで自転車を届けてくれるし、帰りは乗り捨てOKだし良心的だね。

南へ向かって走ると、**ンブフルの丘**（ンで始まる地名ってあるんだね）の近くで素敵な石碑を見つけた。「かいしくさ、う

**a**アトリエ五香屋　**b**島の生活風景やシロハラクイナが描かれた角皿　**c**ママチャリで走っていると見つけた人頭税廃止百年記念之碑。八重山と宮古島は明治35年まで不合理な税に苦しめられていたんだね

## 北海道人のための南の島ガイド
### 竹富島

つぐみど、まさりょる」。みんなで協力することこそ優れていて賢い、という意味だ。竹富島は「うつぐみの島」と呼ばれているので島を象徴する言葉なり。

まずは**仲筋集落**にある窯元、**五香屋**を目指す。竹富島に移住して15年の水野景敬氏が作る焼き物は竹富島の生活が優しいタッチで描かれていて、写真で見ただけで惚れてしまったんよ。

ちなみに、竹富島には**東**＝アイノタ、**西**＝インノタ、**仲筋**＝ナージという三つの集落があって、各集落は隣接しているのに、びっくりするほど付き合いが少ない。排他度合いも集落によって異なり、**五香屋**の水野さんが受け入れられたのは（集落の宮司の家を工房として借りているもんね）**仲筋**だからだろうなぁと**東**のおっちゃんが言っていた。

それにしても、**東**がアイノタって、偶然にしろドキッとするなぁ。夕はアイノ言葉で場所を意味するので、**東**《アイタ》＝**アイノ**の**場所**だもんね。

**五香屋**は店構えからおれ好みだった。閉店時間の5時を少し過ぎてしまったのに「ゆっくり見てください」と言ってくれた女性も素敵だし、BGMも店内の風情も一発で気に入った。シーサー作り体験なども実施しているとのこと。時間があったらやりたかったなぁ。

絵柄の竹富島の生活風景もよく見ると、すべて絵が違うんよ。手仕事ならではのバリューなり。

頭に魚を乗せて歩いている図柄が人気があるらしい。サニン（月桃）の種を蒔く人の横に鳥がいる絵もいいなぁ。この島は？

「シロハラクイナです。その辺を歩いているんですよ。ちょっと間抜けな感じで歩いてます」

本当は皿が欲しかったけど、適当な皿がなかったので、3600円の茶碗など三つを買った。三つで7500円也。どんな竹富島みやげよりもお薦めだ。

入口に「おーりとーり」（ようこそ）と書かれていたので、竹富島は石垣島と同じだけど、黒島は違うんですね、と話すと驚いていた。そんなもんなのかな。

宿探しでもたつく、という全く想定外のトラブルが起きたため、**五香屋**に立ち寄ったあと、**喫茶ぐるくん**で一服したり、**泉屋**で古布の雑貨を買ったり……という予定は見事に崩れてしまった。というのは竹富島のほとんどのショップや喫茶店が夕方5時までなんよ。でも、大丈夫。砂浜に閉店時間はないもんね。というわけで、島の西側にある「星砂の浜」こと**カイジ浜**へとママチャリを走らせた。

まずいなぁ。結構なデコボコ道なんよ。買ったばかりの焼き物が割れたら泣くに泣けないので、途中の草むらに隠すことに。

野良牛と間違えるぐらい自由に放牧されている牛たちの視線を浴びつつ、焼き物を草むらに隠して海岸へと急いだ。

**カイジ浜**はバスが運行していることもあって昼間は混んでいるけど、夕方5時を過ぎると、別世界のように人がいなくなる。

この日はショップあがりらしい女の子がひとりいただけ。宿探しでもたついたお陰で人気の砂浜を独占できたってことか。

波の音がいいねぇ。人はいないけどニャンコがいっぱいいるぞ。どの猫も愛されている顔をしているにゃん。砂浜をヤドカリくんがいっぱい歩いているし、今回の旅で初めての砂浜らしい砂浜だぜ。**西海岸**なので夕方6時過ぎなのにまだ明るい。

続いて、西桟橋に行ったけど、全く魅力を感じなかった。辛い歴史があるだけに決してロマンチックな場所じゃないしね。

このあと、夕食を食べようと思っていた**竹乃子**が休みだったので、宿の隣の**しだめー館**に行って、酒や食事に満足したついでに店の女の子に恋をしたり、自分の本を置いてもらおうと奮闘したり、ボイラーのスイッチがわからなくて水シャワーを浴びて死にそうになったりするんだけど、この話の続きは次号で。※4

あれ。そういえば、汗を全然かいてないや。昨日の今頃は汗だくだったのにね。やっと、南国の気温と湿度に慣れてきたみたい。ってところで続くのだぁ。

※4……ここまでは「北海道いい旅研究室13book2」(2011年3月12日発行)に初出したので、次号に続くと書いてあるけど、実際は続いてなかったりして😅 本誌42ページに続きが掲載されているのでそちらを読んでね♀

c

b

a

**a** 仲筋からカイジ浜へとつづくカイジ道　**b** 意外と俊敏なヤドカリくん　**c** 星砂の浜ことカイジ浜。巨大なシュイキ(モンパノキ)が独特の風景を作っている。漁師が使う水中眼鏡にこの木の幹が使われていたそうだ

# やいまコラム①

【気温のはなし】

八重山も六日もいると怖いもので、初日は一時間おきに上から下まで着替えないとダメなほど汗をかいていたというのに、気温27度が寒く感じるでないの。

ずっと寒いわけじゃないんだけど、ちょっと風が吹いたりすると寒く感じるのさ。地元の人たちが長袖を着ているのが異常に見えたけど😁、念のために長袖の上着を持ってきてよかったよぉ。こーいうことなのね。

●

【島のカラスのはなし】

八重山のカラスと北海道のカラスはどこか違うなぁと思っていたら、違いがわかっちゃった。八重山のカラスはみんなクチバシが半開きなんだ。夕方になると閉じるけど、昼間はほとんどのカラスがクチバシを開けたままなので、なんとなく頭が悪そうに見えるというか、愛嬌があるのです。

それにしても、カラスやスズメや山鳩って、日本中どこにでもいるんだね。

●

【島の看板のはなし】

石垣島や西表島のように車で移動する島は別だけど、小さな島の看板は小さくて下に置いてあるのが特徴だ。

下というのは本当に下ね。塀に使う三つ穴があいたコンクリートのブロックにペンキで店の名前を書いただけ、とか、島ゾウリに店名を書いて水瓶に立て掛けているだけ、みたいな看板が足元にあるのだよ。高い位置にでかい看板があるのに慣れた北海道人にとっては見逃しやすいけど、どれも可愛くて、上品だ。島の風景に上手に溶け込んでいる。

でも、北海道の場合は雪が降るから、こんな小さな看板が下に置いてあっても、すぐに雪に埋もれちゃうから看板の意味がないかぁ。

道端に置いてある小さな看板。徒歩やチャリの旅人はこれで十分だ

【意外と忙しいはなし】

のんびり気の向くままに南の島めぐり、というわけにはいかない。船の時間が決まっていて、その船に乗り遅れると次がなかったりするからだ。カヌーやダイビング、ネイチャーウオッチなどのアウトドアツアーを申し込むと、その集合時間も決まっているし、自転車をレンタルすると返却時間が決められる。

当然、素敵な店や知的好奇心を満たす施設の営業時間や開館時間も決まっているので、気の向くままにだらだら過ごすと、たいしたことがない店に入り、旅行者や移住者とばかり話して、結果、島の文化と触れ合うことができない五流の旅になってしまいがちなのだよ。

たとえば、ある日のおいら。楽しみにしている西表島のネイチャーツアーが朝9時集合なので、のんびりと眠っている暇はない。ふだんより早起きさ。滝から戻ってきたら14時半発の船の時間ギリギリだったので、慌てて飛び乗り、石垣島に着いたら、15時半発の波照間島行きの船までほんのちょっとしかないので乗り場まで全力疾走だ。無事波照間島に着いて、民宿の部屋で一服して、さあ、島めぐりに出かけようかなと思って時計を見たら17時10分。夕食が18時なので、自転車を借りに行ったり、共同売店で酒とつまみを買ったりで時間になって、夕食後、チャリでニシ浜に行って、もっとのんびり過ごしたかったけど、星空観測タワー行きの送迎バスが20時に出るので、19時45分までに戻って、準備をして……という具合。確かに忙しかったけど、西表島で見た巨大なトカゲも、波照間島で見た南十字星も一生の思い出になったので、南の島の旅はのんびりしないに限るぜ😊。

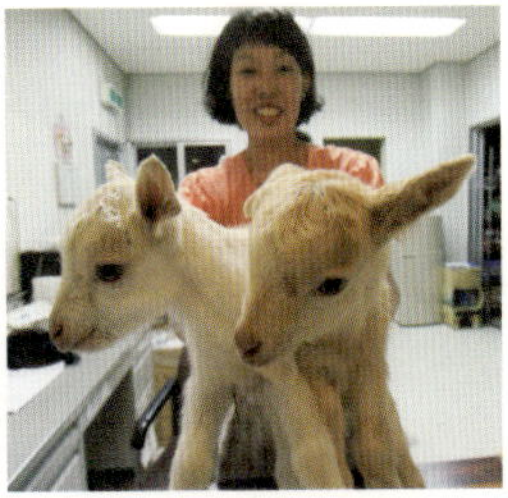

もっと浜辺にいたい気持ちを抑えて忙しく動いたおかげで、南十字星も見えたし、こんな可愛い出会いも😊。

根気がない。わけではないのだよ。読者に少しでも新しい情報を伝えたいという親心なのだよ。というわけで、前回の竹富島古民家侵入事件😁の続きは横によけて、新石垣空港開港後初の八重山旅（2013年6月6日〜10日）の様子を報告するね。

## とても不便になったし 風情もなくなったし 新石垣空港は最悪だね

早いもので石垣島上陸は六回目だ。以前はせっかくだから沖縄本島でも遊ばなきゃってんで、沖縄二泊&八重山三泊みたいな旅が多かったけど、最近は沖縄本島を省略する旅が増えてきた。北海道人にとって居心地がいいのは沖縄本島よりも八重山というのが今のところの結論なのだ。

今回は石垣島二泊、竹富島一泊のほか、黒島で初宿泊したり、鳩間島に初上陸する行程なり。

いつものように9時千歳発のJALで出発。羽田空港のトイレで薄着に着替えて、カツサンドを買ったら那覇行きの機内でランチ。13時45分に那覇空港に着いて、生オリオンビールをグビッと飲む。というところまでは予定通りだったんだけど、石垣行きのJTAが遅延したため、新石垣空港に着いたのは予定より30分遅い15時45分だった。

旧空港だったら石垣の美崎地区（ホテルや飲食店や離島ターミナルがある場所）までタクシーで1000円以内。最悪、歩いてでも行ける距離だったけど、東海岸に造られた新空港からは怖くてタクシーに乗れない。かといって、でかい荷物を引きずってバスに乗る気もしないのでレンタカーを借りることにした。

空港から美崎まではずっと片道一車線で追い越し禁止の超ノロノロ道だし（北海道人にとっては地獄だべさ）、付近にガソリンスタンドはないし※1、新空港は旅人にとって不便この上ない。

どうせ白保を通るので、久しぶりに紗夢紗蘿《さむさら》に寄ることにした。ここはやちむん館という雑貨店の工房で、アダン（パイナップルもどきみたいな実がなる木）の葉で作った円座などの販売もしている。七年前に立ち寄った折は放し飼いの雑種犬と三本足の猫が出迎えてくれたっけ。

※1……今はレンタカー各社とガソリンスタンドがセットになった建物ができて便利になったよ

a 新石垣空港に着陸したところ。滑走路に伸びる羽の影がくっきりしている。日射しが強そうだる　b 新石垣空港の中。人が多すぎる　c 新石垣空港にも見送りする場所がちゃんとあった。これがなくちゃ石垣空港じゃないよね　d この林の奥に紗夢紗蘿がある

今回は犬も猫もいなかったけど、石に描いたカクレクマノミと古民家ならではの落ち着いた空気が静かに迎えてくれた。んだけど、暑いぞ。まだ体が暑さに慣れてないのでエアコンのない室内はいきなり上級者すぎるってば。滞在予定時間を短縮して退散。レンタカーのエアコンで復活。暑さ対策の面からもレンタカーにして正解だったかも。

## うくるに立ち寄るとついつい買い過ぎてしまうんだよなぁ

石垣市の緯度は北緯24度。ホノルルと同じなんだもん、北海道人が暑さでやられるのも無理はないぜ。何度来ても初日は油断ならない。すぐにTシャツが汗でびしょびしょになる。登野城のギフトショップ**うくる**に立ち寄って、新婚のゆうなちゃん（日本最南端の出版社**南山舎**のスタッフでもあるのだよ）に北海道みやげを手渡したのが夕方の5時過ぎだったんだけど、気温はまだ普通に28度ぐらいある。夕方になっても気温が下がらないのが北海道との違いなり。

それにしても、うくるって本当にセンスがいいなぁ。旅の初日だから荷物を増やしたくないのに、ついつい買っちゃったよ。

白保の紗夢紗蘿

石垣島で大好きな店の一軒だ。

夕方6時前にホテルにチェックイン。いつもの**ピースランド**だ。**離島ターミナル**や**ユーグレナモール**、美崎の飲み屋街などが全部近くて、隣がコンビニってことで、場所の便利さと安さでひいきにしているホテルだけど、なんだろ。ボロいにもほどがあるでしょ。と、思わず、ボロボロの机や冷蔵庫に向かって独り言を言ってしまったさ。そろそろ新規開拓の時期かもね。

シャワーを浴びたら、休む間もなく18時半に出発。

まずは**ゆいロード**の森の**こかげ**で一杯。カウンターで玉の露を飲みながら、千歳空港で見つけた特**大キティちゃんスルメ**を北海道みやげとして手渡す。店主の中村貞一さんは可愛らしいというか、憎めない人なので、

もっと話したかったんだけど、ごめんよ。ただのバカンスと違って、おいらには飲食店を新規開拓取材するという仕事があるのさ。アデューアデュー。ってんで、19時には市役所裏の八重山村という居酒屋に移動。南山舎の上江洲さんたちと合流した。

この八重山村、店の前を歩く度に一度入ってみたいと思っていたし、きっといい店だったと思うんだけど、ごめんなさい。上江洲さんたちとの話が盛り上がったり、カラオケスナックに流れての南北歌合戦が盛り上がったりで、あまり覚えていないのさ。にゃはは。まぁ、手作りの店だったということで😊。

飲むだけ飲んで、ホテルに戻って、さあ寝ようかなっと時計を見たら午前2時半って……。初日から飛ばし過ぎたかも(汗)。

翌朝は7時前に起きて、9時半の船で鳩間島に初上陸。バラス島という無人島にも初上陸して、16時15分発の船で石垣に戻ると、最終便で黒島へ移動。黒島初宿泊を満喫したんだけど、鳩間島と黒島の話は別の機会に報告するとして、旅の三日目※2。朝10時半に黒島から戻って、13時半発の船で竹富島に渡るまでの三時間の出来事を紹介するね。

## 沖銀通りのバーで昼からモスコミュールを飲んでしまったよ

抜ける。抜けているぞ。というのはアルコールのことね。昨夜も黒島の民宿あーちゃんで深夜1時ごろまで泡盛《しまー》を飲んで、さぁ寝ようかなと思ったら、宿主の平良正仁氏が「まだ、いいしょ」って、結局2時半。これは明日あたり使い物にならないと思っていたのに、この暑さでアルコールが抜けるらしく、スッキリサッパリ。全然残ってないんよ。そうかぁ、だから、南の人は酒が強いんだ。納得だぜ。

さてと、次の船までの三時間を有効に過ごしましょってんで、おいら、まずは郵便局の近くの箱亀へと向かった。オリジナル商品が中心で、ポストカードひとつとっても本当にセンスがいいんだ。しかも店員が親切なので、石垣島に来たら必ず立ち寄ってしまうんよ。９００円分しか買わなかったのに１０００円分のスタンプを押してくれたのも旅人にはうれしかったりして。

一方、同じ並びのギャラリー&雑貨カフェ石垣ペンギンときたら、店員が気取っていて嫌な感じだなぁと思ったら案の定、３９２０円も買い物をしたのにスタンプを3個しか押さなかった。売っているTシャツとか手ぬぐいのセンスはいいんだけど、冷たい印象しか残っていないので二度と行かないだろうな。

昨日見かけたＴＯＮＹの栄福食堂(☞右上写真)も気になるけ

※2……2013年6月8日　※3……居酒屋八重山村は経営者が若い人に替わって、メニューもガラッと変わったそうな

a手作りにこだわっている居酒屋八重山村※3　bママがひとりだけという大変平和なスナックハピネスで熱唱する上江洲儀正氏。南山舎はみんな唄が上手だぞ　c箱亀の店内。姉妹店ヤールーの商品も買える

# 北海道人のための南の島ガイド
## 石垣島

ど、箱亀の向かいにあるゆうくぬみで八重山そば（500円）をいただく。ゆうくぬみは石垣島で初めて入った思い出の店なのだ。長田直子さんが作る八重山そばは何度食べてもやっぱり旨い。食後のぜんざい（かき氷）も旨いのなんのって。温かいそばと冷たいぜんざいの組み合わせが石垣島の正しい昼食だね。

幸せな気分でユーグレナモールから沖銀通りへと歩いていたら、おいら好みの店を発見してしまった。グリーンフラッシュ。

3000円ぐらいのレディースのワンピースが中心なんだけど、あったよ、ありましたよ。メチャメチャかっこいいデニムの半ズボン（4900円）が。試着したらウエストピッタリだったので即買いさ。半ズボンは沖縄で買うに限るぜ。でもって、この店、小さなバーも併設しているんよ。チャームなしの喫茶店感覚で気軽にくつろげるので、カウンターに座ってモスコミュール（700円）を一杯だけ飲んでしまったさ。ゆうくぬみの八重山そば＆ぜんざいのあとで、昼からモスコ。贅沢すぎるぅ～（涙）。

そろそろ船の時間なので、港へ戻って乗船券を買うと、まだ13時12分だった。三時間って結構使い勝手がいいんだね。残り時間を利用して、離島ターミナルの中にあるとぅもーるショップでおみやげを買うとする。

北海道で配った時に喜ばれる八重山みやげの代表格が波照間の黒糖だ。石垣島の中でも販売店が限られているので価値がある。もちろん味も全然違うしね。ほかの黒糖は水あめとかいろんな味を加えているけど、波照間のは無添加なので純朴で美味♡

その波照間の黒糖をかなりの確率で買えるのが離島ターミナルだ。何しろ、ここから入ってくるんだからね。実はさきほどユーグレナモールで250円で売られているのを見つけて危なく買いそうになったんだけど、買わなくてよかった。ここでは230円。我慢してよかった♪

ちなみに、離島ターミナルにレンタカーを停めておいたら、一泊二日で2000円だった。

### レンタカーに乗ったらサンサンラジオを聴くべし（特に生CM）

旅の四日目[※4]。朝9時15分発の船で竹富島から戻ったところから。

石垣ペンギンで見つけた豊永盛人作の辺銀食堂てぃさーじ（手ぬぐい）。ホラ貝やナーベーラー（ヘチマ）などいろんなものを背負ったペンギンのイラストが可愛いしティッシュカバーにもなる

※4……2013年6月9日

dゆうくぬみの宇治金時かき氷（400円）。ほかの店とは氷が全然違うのだ　e服もバーもセンスがいいグリーンフラッシュ店主の橋口義昭さん　fユーグレナモールのちゅらさんという店は石垣産のフルーツが激安だった

　本日はレンタカーで終日**石垣島めぐり**だ。ってんで、カーラジオのスイッチを入れたら、これが衝撃的だったんだ。76・1MHz。FMいしがき**サンサンラジオ**。何が衝撃的ってCMも生放送なんよ。BGMにのせて男女のアナウンサーが交互にCMを読むわけ。FMだから、エコーかけて、ちょっとクラブ調にね。生だから内容は日替わりOK。たとえば「まぐろ専門店**ひとし**はハーリー大会を応援するため当日と翌日は休みます」とか「**丸源水産**はハーリー期間はオリオン生ビール一杯無料サービスします」とか😁。なにゅーっ。**まーるレンタカー**は24時間2500円だって。次回借りてみようかな。番組も面白いけどCMも情報満載なのさ。**ゆいホール**のCMなんて、「昨日、どこどこの誰が何歳で亡くなりました。葬儀はいつです」という内容なんよ。全然知らない人の訃報なのに、「92歳かぁ」とか独り言を言いながら、ついつい聴いちゃったりしてね。

　ちなみに、石垣に限らず、沖縄県の祭りはすべて旧暦だ。石垣ハーレー（ハーリー）は旧暦の5月4日。つまり曜日など関係ないわけで、国が定めた祝日とは別の祭日が今も残っているんだね。週末に迎合した祭りもどきのイベントばかりで、一日も祭日がなくなってしまった札幌市民にはうらやましい限りなり。

　なんて具合に**サンサンラジオ**を楽しみながら県道87号線を北上すると、ほどなくして風景はのどかになる。右は畑で左は**バンナ岳**。センターラインのない県道の真ん中を軽自動車が時速30㎞ぐらいで走っている。追い越すのにテクニックがいるぜ😁。

**10時5分**、野菜の直売所を発見。スイカを食べたかったけど、まだらしい。「今（6月9日）はラッキョが上等さぁ」ってことだけど、ラッキョは苦手なので小さいゴーヤー2本と小さいヘチマを買う。100円。安い♀。

　石垣ではヘチマは味噌汁の具にするんだって。旨いのかな。

## 生まれて初めて生グァバを食べたけどイマイチだったさ😁

　さらに県道87号線を北上すると、JAの**開南ライスセンター**の向かいに、バンナ岳を背負うようにしてとても可愛い店がある。無農薬の自家製グァバとパインの店、**光楽園**だ。月刊やいまの小さな記事で見つけて、あまり期待しないで立ち寄ったんだけどこれが大ヒットだった♀。

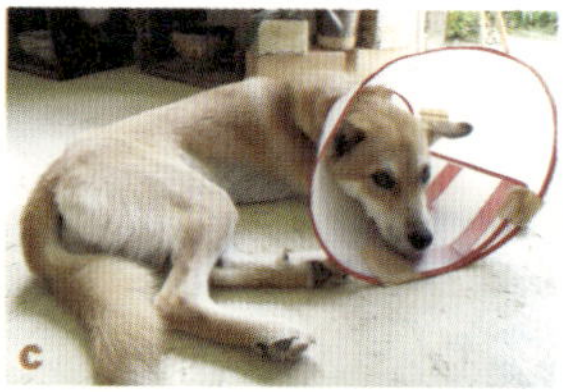

**a** 石垣島にも産直販売所がある。いろんな形をしているけどどれも瓜類ね　**b** 光楽園のグァバフラッペ。無農薬の自家製グァバがこれだけのってたった300円♀　**c** 於茂登窯のハナちゃん

店舗デザインのセンスといい、それでいて家族三世代でやっている気取らない風情といい、良心的な値段といい、グァバひとつひとつに袋をかけて無農薬にこだわる生産方法といい、客層といい、すべてがおいら好みだ。

グァバジュースを飲み干したあと、北海道から来たと告げると、とっても驚いてくれて（美崎あたりではあまり驚かれない）「生で食べてみます？」「食べた〜い」ってんで、生グァバをごちそうしてくれたんよ。人生初の生グァバだと言うと、またまた驚いてくれた。北海道民は生グァバを食べる機会なんてないからね。味は普通でした😊。というのは石垣島ではグァバは一年中収穫できるんだけど、夏の方が味がいいので旬は7月下旬ということで、まだ若干早かったからみたい。

「昨日、竹富島でオリオンのグァバジュース割りを飲んだら衝撃的に旨かったです」

「あれ、美味しいですよねー♥」と盛り上がっていたら、おばぁが「お餅食べるかい？」って、ピンク色のつきたての餅をごちそうしてくれたんだけど、これがまた旨かったぁ。向かいにライスセンターがあるぐらいだから、この辺は稲作地帯で、もち米も作っているんだろうね。本物だけを出す本物の店なり。

## 伊原間《いばるま》に入るとサンサンラジオが聞こえなくなるのです

県道87号をさらに北上すると、於茂登窯《おもとがま》がある。一時間以上滞在したんだけど、焼き物の話は別のコーナーで紹介するので省略してさらに北上、伊原間《いばるま》へ。

およよ。伊原間に入ったらサンサンラジオが入らなくなったぞ。だめだ、どの周波数にもひっかからない。なんてこったい。

それにしても、日曜日の昼だというのに走っている車もほとんどないし、なんだろ、この空気。空港からたった17㎞なのに。

目指すかーら家食堂は確かこの辺のはず……と、適当に曲がったら、緩やかな丘に馬が一頭。見えている海が東シナ海で、後の農作物がサトウキビじゃなかったら北海道みたいな風景だね。

f

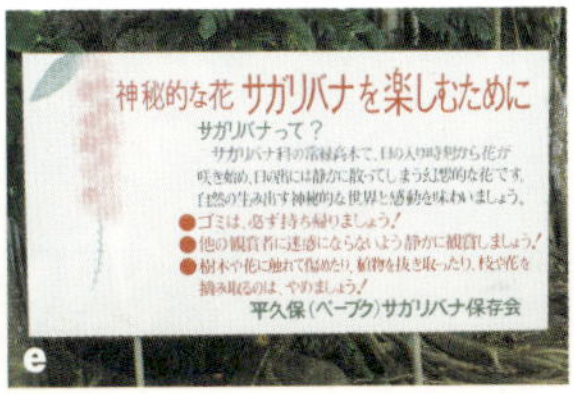

e

d

d 光楽園は観光客よりも首にタオルを巻いた地元の青年たちでにぎわっていた。いいねぇ　e 平久保のサガリバナ群生地は昼間行ってもあまり意味がない😊　f かーら家食堂結局、**かーら家食堂**はとってもわかりやすい場所にあった😁。

小上がり2席にテーブルが3席とこぢんまりした店内は古民家を再生《リノベーション》しているので雰囲気が大変よろしい。でも、従業員が作務衣を着ているのはよろしくない。「従業員が作務衣を着ている店はなぜまずいのか」という双葉社のボツ企画を思い出す。

瓦屋根の上にシーサーがひとつだけのっているぞ。本物の古民家の証しだ。ドアの閉まりがきついのもいいね。

昼食はそばが続いたので、美崎牛のハンバーグがメインの**かーら家定食**(950円)を注文すると、アーサー汁とカボチャの煮付け、島豆腐、モズク、サラダが付いてきた♪

食後、県道206号線をひたすら北上すると、**平久保《ペーブク》サガリバナ群生地**※5の看板が目に入ったので発作的に寄ってみる。というのは今が花の時期だからだ。駐車場に車を停めて外に出ると、山から**アカショウビン**の鳴き声が聞こえてきた。それも切れ間なく、連続して鳴きまくり。巨大な木の根はあるし、ここは石垣島の山原《やんばる》だね。でも、いくら時期でも**サガリバナ**は昼間は見られない※6わけで、ただジャングルを一周して虫に刺されただけなり😁。

さらに北上して、喉が渇いたので、自動販売機でジュースを買おうと思って車から出たら、暑くてぶったまげた。旅の四日目だからもう体が慣れてきたはずだし、島の北部に来たという油断から暑さをなめていたけど、いくら北部ったって**北緯24度**の範囲だもんね。ハワイと同じ緯度だった。汗がどっと吹き出す。

## 小洒落たカフェでものすごい喫茶店を紹介されてしまった😁

今回の石垣島ひたすら北上には実は二つの目的がある。

ひとつは以前、明石にあった時に一度訪ねたことがある**太朗窯**がさらに北部の**平久保**に越したので、新工房を訪ねることだ。

きっと、ジャングルの中にあるんだろうなぁと勝手に想像して行くと、なんと、県道沿いに建っていたさ。しかも、ちゃんと駐車場もあって、BGMなんかも流れていて、ちゃんとしているでないの(失礼)。

焼き物の話は別の機会に紹介するので省略するけど、行くと、陶房主の堀井太朗氏の第一声が「暑くてたまらんね」だった。地元の人が暑いって言ったら、北

※5……平久保と嘉良川の流域を中心とする約2万ヘクタール、4万4300本の大群落で、イリオモテヤマネコ発見に次ぐ世紀の大発見と言われている　※6……夕方6時半ごろ、つぼみが開き始めて、夜10時近くに開花する　※7……2014年9月5日に閉店しちゃいました　※8……2014年秋に亡くなられたそうです

a平久保に移転した太朗窯　b地形がウエストのようにくびれているので、西海岸から東海岸へと船を担いでは自在に漁をしていた船越海人の像　c「何も注文しなくてもいいよ」と出迎えてくれた、たいらファミリーの平良正吉氏(63歳)　dベイベールのテラス席

## 北海道人のための南の島ガイド

### 石垣島

海道人は頑張れなくなっちゃうので、嘘でも全然暑くないよって言ってほしかったなぁ😄。

結局、**太朗窯**には13時40分から14時40分ごろまで滞在。目的の一つを無事達成したのでした。

もうひとつの目的は一昨日、**黒島**に宿泊した折、**あーちゃん食堂**の平良正仁氏が**伊原間**の出身で、親族が**ベイベール**[※7]というレストランをやっていると教えてくれたので、東海岸の**崎枝岬**をぶらつく予定を変更して、**伊原間**の**ベイベール**を訪ねる約束を果たすことね。あーちゃんの親族なので、きっと、ゆる〜い感じの店なんだろうなぁと思いながら、西海岸沿いの**県道79号線**を走っていたら、むむむ💭。

この閑散とした**伊原間**地区に駐車場がびっしり満車で、さらに入りきれない車が待っている小洒落たカフェがあるでないの。と思ったら、まさかの**ベイベール**だった。うぎゅう。おいらの一番苦手なタイプのカフェだぞ。でも、行くって約束しちゃったしなぁってんで、勇気を出して店に入ると、テラス席が絶景(下写真)の「石垣島で一番眺めがいいレストラン」と評判の店だったさ。

あーちゃんの話をすると、「黒島に泊まって何するの?」と言われてしまった。楽しいのに。

女性スタッフにテラスから見える山の名前を訊くと答えられなかったし、客層が好きじゃないので15分ほどで店を出ようとしたら、「もし時間があったら、**たいらファミリー**に行ってみて。コーヒー代は要らないから。お客さんが大好きな人なの」と薦められてしまった。紹介された店で、別の店を紹介された形だ。

**黒島**の**あーちゃん**の弟の平良正吉氏がやっている店、ということなので、もうこうなったら全部見届けてやる💭って行ってみたらかなり強烈な店だった😄。

兄さんと顔が似てませんねぇと言うと「86歳のおふくろ[※8]に、もう怒らんから、そろそろ白状しなさいって言ってるんだけどね(笑)」と笑った。いいなぁ。

滞在した一時間ちょっとの間、

d

鳩間島の音楽祭と連動したファミリー祭りを平成20年から毎年開催したり、誰でも参加できる上に大歓迎されるハーリーを16年続けたりと、伊原間を盛り上げるために頑張っている話を熱く語ってくれた。こんな出会いがあるから旅はやめられない。

きっちりとした予定があるからこそ予定は自在に変更できるわけで、いろいろ省略してぱぱ屋へ。日没終了なので夕方5時5分は楽勝でセーフだった。南山舎の上江洲さんお薦めのパインとサトウキビのミックスジュース（４００円）を飲む。幸せ♥

本当はぱぱ屋の店頭で煮詰めて作る自家製黒糖を食べてみたかったけど、6月は時季外れで、とっくに売り切れ。黒糖にも旬があるんだね。知らなかった。

ゆらてぃく市場で買い物をして、竹富島交通にいた稲垣くん※9（宿を間違えたギバちゃん♀）と居酒屋こてっぺんで楽しく飲んで、石垣島満喫デイは終了。

明日はついに旅の最終日だ。

●

午後1時40分のJTAで島を去るので、予定はふたつだけ。三線シーサーの天竺※10に行くこと（例によって陶房は省略ね）、まつむとぅ家で八重山そばを食べること。なんだけど、このまつむとぅ家が最高によかったんだ。靴を脱いで古民家に上がる風情もいいし、BGMがサンサンラジオなのも気取らなくていいし、敷地内にサンゴが敷き詰めてあったりトイレが離れなのも沖縄っぽくて北海道民にはたまらないんだけど、なんといっても化学調味料無添加のそばが美味だった。アーサそばを食べたら死ぬほど旨かったもんね。

ふと見るとガテン系の若者四人が外のテーブルでそばを食べていて、ひとりだけ車の中で弁当を食べている若者がいたんだ。「アンタもこっちで一緒に食べなさい」「おれはいいよ」「いくないよ♀」って怒る店主の肝っ玉母さんぶりにも惚れ惚れしたなぁ。

まつむとぅ家のアーサそばセット（７００円）。アーサーの色が美しいと思ったら黒島産だった。あまりの美味しさに汁まで完食♀。サービスの自家製マンゴージュースも濃厚で美味でした♥

※9……稲垣くんは福祉の仕事に燃えていたんだけど、いろいろあって、また竹富島交通でバスの運転をしているのでした

※10……75ページで「窯元の名前も作家さんの名前もわからない」と紹介している窯元をその後、自力で発見したのだ♀

a ぱぱ屋は日没まで営業している　b 竹富島交通でバスの運転手をしていた稲垣くんと行った居酒屋こてっぺんの石垣牛炙り握りは一貫200円　c 3度目の訪問となる天竺では三線シーサーが出迎えてくれた

**光楽園**　石垣市平得1535-16（県道87号線沿いの開南ライスセンター向かい）　無農薬の自家製グァバ100%のジュース（300円）や自家製パインフラッペ（300円）など絶品の島の味覚を気軽に堪能できる店だ　9:00〜18:00（不定休）　☎0980・88・8731

**GreenFlash**　石垣市大川272-1（沖銀通り）レディースが中心だけどメンズも少々。併設された小さなバーはヴァージンピニャコラーダなどノンアルコールカクテルもあるので気軽に立ち寄れる　12:00〜22:00（無休）　☎0980・87・5142

**とぅもーるショップ**　石垣市美崎町1（離島ターミナル内）　波照間の黒糖とか、玉の露（泡盛）の限定生産品などなどレアな商品が格安で販売されているのでヘタなみやげ屋で買うぐらいならここで十分だよ　6:30〜18:30（不定休）　☎0980・88・1600

**紗夢紗蘿〈やちむん館工房〉**　石垣市白保1960-15（場所はわかりにくいので白保を迷ってみるべし）手仕事の一点ものを販売しているほか、民具作りの講習会も開催している。古民家の風情に癒されるよ　10:00〜17:00（不定休）　☎0980・86・8960

**かーら家食堂**　石垣市伊原間231-2　古民家を再生した食堂。八重山そばとジューシーご飯、日替わり酢の物、自家製ジーマミ豆腐のセットは800円。県産トンカツ定食（1000円）は数量限定　11:30〜16:30（木曜・金曜定休）　☎0980・89・2886

**ゆらてぃく市場**　石垣市新栄町1　ＪＡ直営の市場。北海道民にとって初めて目にする珍しい島野菜やフルーツなどが格安で売られているので、旅の最後に自分用に買ったり、みやげ用にもお薦め♀　9:00〜19:00（お盆・正月休）　☎0980・88・5300

**まつむとぅ家**　石垣市登野城685-8　八重山そばとご飯（日替わり）と飲み物のセットが500円という良心的な店。古民家の風情は最高だけど場所がわかりにくいので観光客はまず来ない穴場中の穴場　11:30〜21:00（火曜定休）　☎0980・83・4516

**ぱぱ屋**　石垣市桴海491　県産ドラゴンフルーツと島産サトウキビのミックスジュース（400円）などなど店頭のジューサーで作るフレッシュジュースの味と太った猫がゴロゴロしている気取らぬ風情がいい　8:30〜日没（無休）　☎0980・88・2583

**たいらファミリー**　石垣市伊原間97　伊原間そば（900円）や魚盛り合わせそば（1000円）がお薦めだけど注文なしでもOK。旅人大歓迎のタイラファミリー祭りは毎年5月5日　朝〜夕方（不定休／事前に電話をしてから来てね）　☎0980・89・2588

## 石垣島で立ち寄った店その2

※赤文字は2014年10月末現在に修正したデータです

# 竹富島の細かい情報は前号※1参照ってことでいきなり本題に入るね

石垣島を出て10分後の13時40分。竹富島にいた。近いねぇ。

港は観光客でごった返している。人で酔いそうだ。バス乗り場に直行して、竹富島交通のバス(ワンボックスカー)で今宵の宿あらやに急ぐ。前回のへなちょこ稲垣くんと違って、ベテラン運転手の勢盛さんは迷わずあらやに送ってくれた。いいねぇ。

雨戸を開けて、上江洲さんに借りた鍵で中に入り、風を入れてあげるとあらやが喜んだ。

竹富島も四回目ともなると会いたい人が何人かいるわけで、北海道みやげを小脇に抱えると、まずはいつもとっても良くしてくれる大底和子おばぁに会うためにたきどぅんへ歩いて行くと、むむむ。なんだろ、シャッターが閉まってるんだけど、その閉まり方がなんか嫌な感じだぞ。

ま、臨時休業ってこともあるので深く考えるのはやめて、やはりいつも良くしてくれる小山シズさんちに行くと、マイヤーシ※2(ヒンプンのことね)に布団が三枚干してあった。観光客で混雑しているなごみの塔の隣の家で布団を干しているというこの生活感。島の土地や建物を部外者に売らないという竹富島憲章があるからこその素敵な風景だ。

シズさんは昼寝をしていた。日中は暑いので夕方になってから活動を始めるらしい。北海道みやげを手渡すと、今年はアカショウビンが庭に来ず、遠くで鳴いているだけと教えてくれた。

さてと次は住職だな、と、真っ昼間の白い道を歩いていたら、暑い……。凶暴に暑い。ううっ。って、そうか。いつもはレンタサイクルを借りて島内を移動するのに、今日は軽い気持ちで集落を歩いているからだと気付く。

自転車って走ると風を感じて体感温度が少し下がるけど、歩きだと無風のままだもんね。いつもより暑く感じるわけだ。

寺に顔を出すのはあとにして、一度あらやに戻ってぽちに電話。自転車が届くのを待つ。毎度のことながら愛想のないねーちゃんに自転車を借りたら日焼け止めを塗って島めぐりに出発さ○。

※1……本誌16〜20ページに掲載　※2……門の中にさらに1枚、入り口が見えないように真ん中に建てられた屏風状の塀のこと

a なごみの塔の隣りの小山さんの家では布団を干していた。瓦屋根にシーサーが1頭だけのっている本物の古民家だ　b 星野リゾートができたせいでゴルフウェアっぽい服を着たオジサンたちが増えた。勘弁してほしい　c なごみの塔の正面にあるイナフク

と、走り始めて10秒後に自転車から降りていた。**イナフク**に入るためだ。宿から見える場所にあるので、いつでも行けるという余裕から一度も入ったことがないんよ。行こうと思った時に限って早じまいしてるしね。

首タオルがわりに**草木染めのストール**などを買いつつ、店主の大山峰生さんと世間話をしていたら、**たきどぅん**が閉店したという衝撃の事実が。大底和子おばぁは去年の9月頃、名古屋に嫁いだ娘さんのマンションに行ってしまったそうな。ガーン。

**竹富島**には共同売店が一軒もないので、**たきどぅん**はちょっとした生活雑貨が買える島で唯一の店だったんよ。なので、いろいろと買い物をすると、これも持っていきな、あれも持っていきなと買った分以上にサービスしてくれて、最後に「売れ残りだけど」ってプレゼントしてくれた和子おばぁ手作りのサーターアンダギー※3がびっくりするぐらい旨かったんだ。あれより美味しいアンダギーに出会ったことがないもんね。なんて話をすると、大山峰生さんも「あの砂糖の天麩羅は上等だったねぇ。島でも人気があったからねぇ」って。

そうなのさ。ある年齢以上の人はサーターアンダギーとは言わないで、砂糖の天麩羅とか砂糖揚げって言うんだよね。はぁ。和子おばぁに会いたかったなぁ。

軽く一杯飲みたい気分になったので、**ハーヤナゴミカフェ**へ。

二階建ての建物がほとんどない**竹富島**で唯一の「二階にあるカフェ」なので、窓景目当ての観光客が多い。おいらもなごみの塔が見える窓席を陣取って、ジュース付きで600円※4のてーどぅんスイーツに200円追加して、ジュースをグァバビールに換えてもらった。ぶひひ。

## グァバビールの旨さは衝撃的だった♡昼から幸せな気分♪

グラスにグァバ果汁を入れて、そこにサーバーでオリオン生ビールを注ぐだけ。なんだけど、旨い♡。旨すぎるぅ♡。北海道も夕張メロンとか阿部山のサクランボ果汁にサッポロクラシックの生ビールを入れようよ。絶対美味だって。というわけで、**グァバビール**が旨すぎたので、せっかくアツアツで出してくれた**月桃のさみ餅**とかさたくんこう(アンダギーのことね)の素晴らしさがイマイチわからなかったんだけど(ごめんなさい)、お薦めの**長命草**※5**ジュース**を飲めなかったし、夜10時まで営業しているし、店主の多宇利恵さんが素敵だったので、今夜、また来ることにして店を出たのでした。

※3……サーターは砂糖、アンダは油、ギーは揚げ。沖縄の代表的なおやつ　※4と※6……現在700円
※5……別名ボタンボウフウ。沖縄地方の代表的な薬草で、食べると一日長生きすると言われているのだ

d 和子おばぁのたきどぅんが閉まっていた　e ハーヤナゴミカフェのてーどぅんスイーツは月桃のさみ餅と黒糖と紅芋のさたくんこう(アンダギー)と飲み物がセットで600円也※6　f 仲筋の泰鍛窯の窯主とカンスケくん(7歳ぐらい)

**喜宝院《きほういん》**に行くと、上勢頭《うえせど》芳徳館長は留守だった。マチュピチュに行っているとのこと。南米インカ帝国のキープと竹富島のバラッタサン※7(藁算《わらさん》)が類似しているので、**蒐集館《しゅうしゅうかん》**の藁算をあっちの博物館に展示してもらう、という壮大な野望があってのマチュピチュ行きだけど、星野リゾートとの交渉の中心人物だったという立場を考えると、このタイミングで南米一カ月旅行はまずいんでないの?と心配する次第。※8

再会を楽しみにしていた**たきどぅん**の和子おばぁにも上勢頭芳徳館長にも会えず、かわりに**イナフク**の大山峰生氏とハーヤの多宇利恵さんと知り合いになった。旅とはそんなものなんだ。

あ、シーサーが三頭のっている家を発見。竹富島の集落はシーサーの人口密度が沖縄一高いので、箱物の観光施設などなくても日常の町並みが旅人を楽しませてくれる。北海道もすべての家の屋根に守護神としてのシマフクロウのオブジェがのっていたら風景は一変するのになぁ。

堀田先生に会いに**竹富島診療所**に行くと、土曜の午後ということで昼寝中だった😁。島のお年寄りは昼間は寝て、涼しくなってから活動するんだね。夜、**しだめー館**で一杯やる約束をして別れる。

カイジ浜へと向かう坂道を堂々と歩く猫

そのまま、**ンブフルの丘**経由で**カイジ浜**へと向かうと、**泰鍛窯《たいたんがま》**のカンスケと目が合ってしまった。カンスケは顔だけ見るとコーギーに似た短足雑種犬だ。

NHKで山本勘助の大河ドラマを放送していた時にもらわれてきたので推定7歳。ハブを捕まえたりする勇敢な犬なんだけど、とにかく愛嬌があるんだ。

たぶん、おいら、50回ぐらい「可愛い」と連呼しながら撫で回したと思う。飼い主に愛されている犬は世界中を幸せにするね。

## 大好きなカイジ浜での夕景の撮影は断念してしだめー館で一杯♪

相性ってものがあるのだろう。感性の問題か。おいら、多くの旅人がいいと言う**西桟橋**や**コンドイビーチ**には全く魅力を感じない。ので、夕間暮れに行くのは決まって**カイジ浜**なんだ。

夕方5時を過ぎた**カイジ浜**は人影がまばらだ。というか、ひとりもいなくなる瞬間さえある。いるのは猫とヤドカリぐらいね。

※7……藁算については蒐集館の上勢頭芳徳館長に説明してもらうのが一番わかりやすくて楽しいので省略　※8……と書いたけど、星野リゾート問題はそんなに単純じゃなかった。みんなも騙されるな。後日、芳徳さん(館長)の話を聞いてぶったまげたもんね。とりあえず「うつぐみ」は美しいものじゃないことを思い知らされたよ　※9……2014年の球技大会は西表島だったので石垣島とは限らないみたい。島対抗なのでみんな燃えていた♀という話は次号ね

a 教科書問題に振り回された竹富小中学校。エキゾチックなので一見の価値があるよ　b 竹富島のランドマーク、なごみの塔の正式名称は「赤山丘」　c 竹富島の夜10時。すべての店が閉店して昼間とは別世界　d 南の島のビーチを独占♀

# 北海道人のための南の島ガイド
## 竹富島

って、北海道人にとっては夢のようなシチュエーションだと思わない？　南の島の西海岸のビーチを独り占めなんよ。

ぬるくなってしまったシークワサーのサワー缶をぐびっと飲み干したら、重いけど持ってきた一眼レフデジカメで海を撮りまくる。美しすぎる海はどこまでも遠浅なので、自在なアングルで撮影可能だ。というわけで、毎度100枚ぐらい撮ってしまうのさ。風景写真なんて大嫌いだけど、砂浜の写真だけは別ね。

ヤドカリと遊んだり、ただぼーっと海を見つめたりして、しばし油断していたら、あらら。いつのまにやら水平線の上にだけ雲が出てきたでないの。上空はドピーカンなのに、あっという間に水平線の上に帯状の細い雲が出てきた。これでは夕日が撮れないので、撮影を断念して、ママチャリで宿へ戻ることに。途中、街頭放送っていうのかな。夕方の6時を過ぎているというのに、集落のあちこちのスピーカーから「明日は球技大会があるので港に8時に集合してください。申し込んでない人も大丈夫です」みたいな案内が流れた。**竹富町**は有人6島で一自治体なので、町の球技大会をやるにしても自分たちの島ではなくて、**石垣島**でやるんだね[※9]。それが一番便利なんだろうけど違うと思うなぁ。

宿に戻って着替えていたら、小山シズさんが庭で採れたモロヘイヤを持って来て、来年教員を定年退職する息子氏(次男)が40代で校長になって赴任したのが**鳩間小中学校**なのよ、と教えてくれた。最近は那覇にいることが多くて、この家も留守がちなので、時々泊まりにきてくださいよって。うれしいなぁ。**竹富島**の宿が二軒に増えちゃった。

**しだめー館**では店主の上間さんと診療所の堀田先生がとっくに飲み始めていた。早っ。水平線に雲が出て正解だったよ😁。

楽しく飲んだ後、**ハーヤ**で飲み直したり、ほろ酔いで星空撮影に挑戦したりして、**竹富島**の夜は優しく更けたのでした。🐾

d

**五香屋**　竹富町字竹富657　竹富島の風習をモチーフに絵付けした作品の販売のほかにシーサー作り体験（半日4000円）や作陶から絵付けまでの本格的陶芸体験（1日半4000円／4月～11月）も実施（要予約／10:00～17:00）☎0980・85・2833

**ハーヤ・ナゴミカフェ**　竹富町字竹富379（なごみの塔裏の鉄筋2階建の建物）お薦めは長命草ジュース、生ゴーヤジュース（各500円）、竹富島産季節の島野菜カレー（800円）ほか（本文参照）10:00～17:00／19:00～22:00（不定休）☎0980・85・2253

**ゆがふ館〈ビジターセンター〉**　竹富町字竹富（港湾ターミナルの隣）いろんな展示があるけど竹富島を中心にした世界地図は北海道人にとっては衝撃的かも。オリジナルＣＤも販売中。入館無料。8:00～17:00（台風の日のみ休館）☎0980・85・2488

**イナフク**　竹富町字竹富354（なごみの塔の向かい）オリジナルの竹富島天気予報Ｔシャツのほか福木染めブックカバーや藍染め文庫カバー、福木染めストールなどがお薦め。写真は店主の大山峰生さん 10:00～17:00（不定休）☎050・3510・6994

**レンタサイクルぽち**　竹富島にはレンタサイクルが5店あるけど、なぜか5店とも同料金（1時間300円、1日1500円）だ。ぽちは無店舗だけど唯一格安。指定の宿に届けてくれるし、乗り捨ても可（1日1000円）。8:30～12:00／13:30～17:00　☎090・1949・6997

**喜宝院蒐集館**　竹富町字竹富（新田観光より西側）日本最南端の寺院であり民族資料館でもある。写真はマチュピチュに行ってきた上勢頭芳徳館長。バラッタサンの話を聞こう。入館料300円。9:00～17:00（種子取祭期間は休館）☎0980・85・2202

**てぇどぅんかりゆし館**　竹富町字竹富（港湾ターミナル内）竹富島みやげを買うなら港湾ターミナルの売店に限る。竹富島ラー油とかピィヤーシもいいし、手ぬぐいもいいけど、一番のお薦めはクバの葉で作ったクバオウニだ　☎0980・84・5633

**竹富島交通**　港から集落までは200円、港からビーチまでは300円で申し込むと随時運行してくれたし、集落内にバス停はなかったので乗り降り自由だったけど、現在は時刻表もバス停もある。写真は稲垣稔くんと亀和田武さん ☎0980・85・2154

**しだめー館**　竹富町字竹富（なごみの塔の斜め前）昼は竹富そばやラフティー丼などの食堂として、夜はメニュー豊富な居酒屋として島民に人気の店。一年中外席で飲食できるのが北海道民には魅力的だね 10:00～21:30（不定休）☎0980・85・2239

# 竹富島で立ち寄ったポイント

※アミ掛けは2014年10月末現在に修正したデータです

# やいまコラムン②

**【シーサーのはなし】**

「あれは、なんだ?」

「獅子さぁ」

「そうか、シシサァか」

アボリジニのカンガルー同様、シーサーなどという言葉はもともとなくて、大和人の聞き間違いで、獅子さぁがシーサーになってしまった話は有名だけど、このシーサー、神社の狛犬のように「あ」「ぅん」の二匹が対になっているのは亜流で、「あ」、つまり口を大きく開けた牡獅子が一頭だけ屋根の中央に鎮座しているのが本来の姿だって知ってた?

石垣島の宗綾※でのこと。素敵なマダムに金城次郎の作品の説明をしてもらったあと、店頭に並ぶ素焼きのシーサーを眺めていたら、どれもこれも口を大きく開けたオスばかりなんよ。廉価の小物は二頭対なのに、おいらの好きな赤土の素焼きはオスだけ。なぜなのかとマダムに問うと、もともとは牡獅子一頭だけを瓦屋根の中央(入り口の上)に置いてにらみをきかせていたんだけど、瓦屋根がコンクリートの屋根に変わる過程でシーサーは屋根の上から追いやられ、代わりに門柱に置かれるようになったので二頭に増やしたとのこと。

なるほど、確かに、門柱となると二頭必要だもんね。

この話を聞いてから、注意深くシーサー観察をすると、全くその通りで、石垣島でも瓦屋根の古い家は牡獅子が一頭だけ。二頭いるのは新しい家ばかりだし、昔ながらの町並みが残っている竹富島では、実に、見かけたシーサーのほとんどが牡獅子一頭だけだった。

竹富島で見かけたシーサーたち。どの家も瓦屋根に牡獅子一頭だけだ。沖縄は平屋から二階建にしたのも関係あるかも。竹富島は平屋だけだもんね

ビジターセンターで上映している竹富島を紹介する映画も、冒頭、一頭だけのシーサーを映していたしね。

なので、沖縄で、シーサー作り体験をした折、男性はオスを女性はメスを作って対にして飾るのが正しいシーサーですと説明された時は思わず移住者かと訊いてしまった。移住以前のアルバイトだったけどさ。

確かに、北海道も自然ガイドしてる連中って、移住者か、出稼ぎ者だったりするけど、浅薄な知識で、間違った文化を旅人に教えるのだけは勘弁しておくれよ。

**【FMラジオ】**

やまねこレンタカーで借りた車で西表島を走っていたら、ラジオのFMから、どこかで聴いたことがある声が聴こえてきた。新城和博だ。その話を本人にしたら、ぶったまげていた。

何しろ、新城和博が出演した番組はAMなのだ。AM電波が届かない八重山ではAM放送をFMで聴けるようにしているんだね。北海道も電波過疎地が多いからなぁ。「朝刊さくらい」がFMから聴こえてきたら、やっぱり、ぶったまげるか。

しつこいようだけどシーサーは一頭だけでしょ

**【島の自転車考】**

黒島も竹富島も波照間島もレンタル自転車で島めぐりをしたんだけど、共通していることはどの島も自転車に鍵が付いてないということだ。理由は明快。盗んだところで島外に持ち出すことなんてできないからね。

鍵がない文化かぁ。いいなぁ。



※……9ページ参照

石垣島の出版人、上江洲儀正《うえずよしまさ》が北海道民のために選んだ
きわめて真面目に歴史と文化を訪ねるための

# とっても個人的な八重山BEST10

## 1 バンナ岳〈石垣島〉 サンゴ礁に浮かぶ八重山の島々を望む

●旅人を案内する時、いの一番に連れて行くのが石垣島の市街地から車で約15分の**バンナ岳展望台**。石垣島の南半分の眺望が開けるし、天気がいいと八重山諸島9島のうち、与那国島をのぞく竹富島、黒島、波照間島、新城島、小浜島、西表島、鳩間島の島々を望むことができる。そこで八重山の歴史や文化をひとくさり。サンゴ礁の青い海に浮かぶ島々を目にしながらの話は旅人の胸にもすとんといくようだ。一人でもやってくる。風に吹かれて遠くを眺めているとゆったりしたいい気分になる。季節や時間帯は問わない。気が向けば、展望台の裏手から森に入る。酸素いっぱいの緑の空気を吸うと体が喜ぶ。**バンナ岳**は全体が公園になっていて、身近な自然で溢れているので物思いにふけるのに最高の場所である。

**バンナ岳**●標高230m。展望台が楽しめるスカイラインゾーン、森林散策広場ゾーンなど5つのゾーンを楽しめる●**バンナ公園管理事務所**／☎0980-82-6993

## 2 種子取祭〈竹富島〉 カラフルな島の祭りにパワーをもらう♀

●石垣港の6キロ沖に浮かぶお盆のような竹富島。周囲9キロ、一番高いところで23メートル、人口約350人。昔ながらの風景が残る町並み保存地区だが、昼と夜ではまったく違った貌を見せる。

年間40万人の観光客が訪れる昼間の喧騒の後の夜の静けさをぜひ味わってもらいたい。そして静寂の中で、かつて小舟で遠くヨナラ溝をわたって西表島で米作りをしなければならなかった小島の宿命を「うつぐみ(団結·協力)」の合言葉で乗り切ってきた島人のパワーのことを想ってもらいたい。そのパワーがもっとも現出するのが九日間にわたって行われる島最大の祭り、**種子取祭**だ。二日間繰り広げられる奉納芸能のなんとカラフルでパワフルなこと。島の出身者も大勢帰ってきて、祭りの躍動感、一体感に陶酔する。

彌勒

**種子取祭**●新暦10月、11月中に廻ってくる甲申から壬辰までの九日間。庚寅、辛卯の二日間は世持御嶽で奉納芸能が終日おこなわれる。1日目の夜はユークイで盛り上がる

あえて
オーソドックス
にしました
竹富方言辞典

**上江洲儀正**●1952年石垣島生まれ。地元の高校を卒業後、上京。1974年から11年間(公財)大宅壮一文庫に勤務。1986年帰郷。翌年、八重山地方(石垣市、竹富町、与那国町)で唯一にして日本最南端の総合出版社、南山舎を設立する

## 3 オヤケアカハチ之像〈石垣島〉 歴史の村を散策するのもなかなかいい☆

●大浜村の豪族**オヤケアカハチの乱**（1500年）以後、八重山は完全に琉球王府の版図に組み込まれ、明治35年まで過酷な人頭税の時代を過ごさなければならなかった。ゆえに、王府に反旗を翻した**アカハチ**は八重山人のヒーローである。**アカハチ像**の近くにはゆかりの石碑、居城跡と伝わる**フルスト原遺跡**などがある。また、近くに**明和大津波**（1771年）で打ち上げられたという巨大な**津波石**がある。

**オヤケアカハチ之像**●国道390号線を北上、大浜公民館の手前を右に曲がるとすぐ。碑は**崎原公園**内に。園内には**津波石**もあって、その北側には鉄の伝承のある**崎原御嶽**も♀

## 4 川平湾〈石垣島〉 定番中の定番

●**川平湾**の水の青はやはりいつ見ても美しい。ここは昔の天然の良港でありはじめて黒真珠の養殖に成功した恵みの海でもある。湾沿いに静かにたたずむ川平村は古い歴史ある村。今でも年26回おこなわれる神事行事を大事にしている。なかでも節祭の**マユンガナシ**、**結願祭**などは必見。

**川平湾**●離島ターミナルから車で約30分。国指定の名勝地。展望台からの景色もいいが、グラスボートからの海の中もいい。近くの**琉球真珠**で黒真珠、**高嶺酒造所**で泡盛もいいよ

## 5 野底マーペー〈石垣島〉 究極の悲しみ

●野底岳の頂上は岩がむき出しで遠くから見るとうずくまる女性の姿に見えなくもない。かつて王府は収税のために人を移動させてあちこちに新村をつくった。**マーペー**は恋人を黒島に残して野底に。せめて島影でもと山に登ったが見えないので悲しみのあまり石になったという伝説。

**野底マーペー**●マーペーの愛称で親しまれている**野底岳**は標高282m。離島ターミナルから車で約50分。登山道入口から片道60～70分、野底林道から約15分で登るショートコースも

## 6 船浮村〈西表島〉 陸の孤島

●**船浮**のイダの浜に座って海を見る。かつては突端のサバ崎をまわって行くと、網取村、崎山村、鹿川村があったが今はもうどれも廃村となった。さて、**船浮**の未来はどうか。最近、**池田卓**がUターンしてきて「**音祭り**」をやったり、情報を発信したり。「生きる場所」のこと、考えるよね。

**船浮村**●上原港から白浜港まで車で約30分。その先は道路がないので、船に乗り換えて約10分。人口約40人で、小中学校もある。**池田卓**は船浮出身の人気シンガーソングライター

## 7 嵩田植物園〈石垣島〉 台湾から入植

●今や八重山の名産品となったパインや水牛を持ち込んだのは昭和初期に入植してきた台湾の人たち。**名蔵ダム駐車場**には**台湾農業者入植顕彰碑**が建つ。近くの**嵩田植物園**の経営者も入植者。ここでしか売っていない台湾の餅を食べながら、八重山の台湾の人たちの歴史を思い起こそう。

**嵩田植物園**●名蔵に入植した多くが終戦で台湾に戻ったが、残った人たちは**カード**と呼ばれるこの地を開拓して住み着いた。が、今は多くの人たちが街に出た。☎0980-82-7630

## 8 忘勿石《わすれないし》〈西表島〉 戦争マラリア

●沖縄本島のような上陸戦はなかったが、八重山では軍命による強制疎開によって**マラリア**で3600人あまりの命が失われた。とくに波照間島から西表島南風見《はえみ》に避難した学童たちの悲劇は有名だ。**南風見の海岸**には、識名信升校長が岩に刻んだ「**忘勿石、ハテルマシキナ**」の文字が今も残る。

**忘勿石**●大原港から車で約15分。周遊道路の南の終点にあるのが**南風見田の浜**。白砂の浜が続く美しいビーチ。南の海上に波照間島が見え、浜の東の岩場には「**忘勿石の碑**」が建つ

## 9 高那崎〈波照間島〉 日本の最南端

●有人島では日本の一番南にある波照間島。フィリピン沖を北上する黒潮は**高那崎**にぶち当たって水しぶきを上げる。ここはかつて新しい文化の入り口であった。**オヤケアカハチ**と**長田大主**の出身地であること、理想郷「**南波照間**」**への島抜け伝説**など、壮大なロマンの島なのである。

**高那崎**●港から自転車で約25分。約1キロ続く断崖絶壁。黒潮の深い海の色を見ることができる。近くに**星空観測タワー**や「**日本最南端の碑**」（東経123度47分、北緯24度2分）が建つ

## 10 西崎〈与那国島〉 日本の最西端

●夏から秋にかけての天気のいい日、年に何回か**台湾**の山並みを見ることができるという。**台湾**まで111キロ。石垣島より近いのである。与那国と**台湾**の交易は戦後すぐの密貿易時代まで続いた。もう一度、と与那国は願っているのだが、国はそれを許さない。国境ってなんだろうね。

**西崎**●与那国空港から車で約15分。「**日本最西端の地**」碑が建つ岬から日本最後の夕日を見よう。眼下の**久部良港**の景色もなかなかいい。戦前、ここには東洋一の鰹節工場があった

八重山出身若女将インタビューその1●湯宿だいいち／長谷川志乃さん

# 石垣島は標準語に近い!?

**あざらし（以下あ）**　いくつまで石垣島にいたんでしたっけ？

**志乃ちゃん（以下敬称略）**　18歳です。

**あ**　それは何年前でしょう？

**志乃**　32歳なので、もう14年前です。

**あ**　今、石垣島で一番有名な店は元祖ラー油のペンギン食堂ですけど、志乃ちゃんが島にいた頃はどんな感じの店でしたか？

**志乃**　普通の中華料理店でしたよ。

**あ**　ペンギン食堂って店主の名字なんだもんね、辺銀さん。

**志乃**　そうです、そうです。名字です。

**あ**　北海道の人はびっくりするよね、ペンギンが名字だなんて。あざらしのおいらが言うのもなんだけど（笑）。

**志乃**　そうですね（笑）。

**あ**　辺銀食堂のラー油は昔から有名なの？

**志乃**　石垣にいた頃は食べてましたよ。こんなに有名になるとは思わなかったです。

**あ**　この前、あやぱに※1モールを歩いたんですけど、なかなかの繁華街ですね。

**志乃**　昔は一番の繁華街でした（笑）。

**あ**　あやぱにモールに山田書店という本屋さんがあるでしょ。

**志乃**　あー💡。行ってました。

**あ**　山田書店は品揃えがいいよね。地元本がいっぱいあるので、石垣島に行ったら、まずは山田書店に寄るってのが通な旅人っぽい（笑）。

**志乃**　わたしはただあやぱにモールをブラブラしてました。中学、高校時代なので。

**あ**　あやぱにモールも今、微妙だよね。観光客向けになりつつある。

**志乃**　そうですね。こんなに観光客向けの店が増えるとは思わなかったですね。昔はもっと汚くて、匂いもあって、市場って感じだったんですけど、今行くと、地元の人よりも観光客の方が多いです。

**あ**　店の人もよそから来た人が多いね。札幌から行って店やってる人もいましたよ。

**志乃**　複雑ですね。

**あ**　石垣島というと、ぜんざい屋さんの看板が目に付くけど、志乃ちゃんのお気に入りの店はなんてとこですか？

**志乃**　なんだっけなぁ。もう、名前忘れちゃいました（笑）。行けばわかるんですけど。

**あ**　まだあるの？

**志乃**　でも、二軒ぐらいはつぶれてました。

**あ**　そば屋さんは？

**志乃**　おそば屋さんも決まってました。なかよし食堂とか……。

**あ**　まだ、あるのかな？

**志乃**　あります。わたしの地元です。

**あ**　沖縄そばと八重山そばと宮古そばって、麺の形が違うでしょ。

**志乃**　はい。

**あ**　石垣のそばは平麺なの？　丸麺なの？

**志乃**　両方ありますね。両方食べてました。でも、わたしは丸麺のほうが好きです。

※1……2010年3月14日、命名権の譲渡により、あやぱにモールは、ユーグレナモールに名称を変更　※取材日＆撮影日：2010年9月23日

**あ**　丸麺派ね。太麺、細麺？
**志乃**　細麺でした。
**あ**　石垣そばは細めの丸麺なんだ。
**志乃**　そうですね、たぶん。
**あ**　沖縄県内でも、ほかの島のそばを食べて「違うー」と思いませんでした？
**志乃**　思いました♡。沖縄そばも違うと思いました。
**あ**　18歳まで石垣島ってことは島の居酒屋は行ってないのか……。
**志乃**　ちょこ、ちょこと……(笑)。
**あ**　ちょこちょこね(笑)。どんな店？
**志乃**　屋台村とかですね。
**あ**　屋台村って、昔からあったんだ。
**志乃**　当時とはだいぶ変わってると思いますけど、今もあります。
**あ**　安く飲めるイメージだよね。
**志乃**　はい。安く飲んで食べて。
**あ**　あとは、家飲みとか？
**志乃**　家飲みもしましたし、あとは公園で飲んでました(笑)。
**あ**　オリオンデビュー※2はいくつの時なの？
**志乃**　オリオンデビューは……。え？　こんなこと言っていいんですか？(笑)
**あ**　もう時効だから(笑)。
**志乃**　オリオンデビューは中学ぐらいです。
**あ**　それは島では平均的な感じ？
**志乃**　早い子は小学校ぐらいでデビューしてましたよ。
**あ**　そうなんだ♡。
**志乃**　わたしは部活をしていたので遅い方だと思います。
**あ**　中学で遅いのかぁ(笑)。ちなみに何部だったの？
**志乃**　バレー部です。
**あ**　セッター？
**志乃**　はい、上げる方、セッターでした。
**あ**　じゃあ、八重泉※3デビューはいつ？
**志乃**　高校ですね(笑)。
**あ**　コーラ割りかなんかで？
**志乃**　そうです。コーラで割って……。懐かしい～(笑)♡。
**あ**　高校生が公園で泡盛を飲んでるんだ♡。
**志乃**　あの頃は、そんなに警察も厳しくなかったので……(笑)。ただ騒いでるなぁくらいで見逃してもらってたみたいです。
**あ**　オリオンビール以外のビールを初めて飲んだのは？
**志乃**　短大時代、九州に行った時です。オリオンビールが売っていなかったので……。
**あ**　違う味だって思いませんでしたか？
**志乃**　うーん、美味しかったです。オリオンは沖縄で飲むからいいんだと思うんですよ。ここ(中標津)でも、たまにオリオンを飲みますけど、全然違いますね。
**あ**　昔、沖縄の雑誌に書いたことあるけど、北海道で飲むオリオンビールって、薄くてまずいんだよね(笑)。最近はその辺の酒屋で普通に買えるけど、飲む気しないもんね。
**志乃**　しないですね。
**あ**　海ぶどうは食べてた？
**志乃**　なかったです。
**あ**　海ぶどうという言葉もなかったの？
**志乃**　聞いたことはありましたけど、宮古島でしか採れなくて、石垣島では売ってなかったです。
**あ**　そっかぁ。石垣島と宮古島って、同じ沖縄県内でも交流が少なそうだもね。
**志乃**　交流はなかったですね。高校卒業して島を出るまでは宮古の人と話す機会はなかったです。
**あ**　しかも、対抗心が強そう。
**志乃**　そんなことないですよ。ただ、石垣と宮古のどっちが標準語に近いかって、短大時代、討論したことはあります。
**あ**　あははは(笑)。
**志乃**　当時は真剣だったんですよ(笑)。
**あ**　宮古のほうが方言きついでしょ。
**志乃**　と思うんですけど、みんな自分の島が標準語に近いよ♡って譲らなくて。
**あ**　どっちも標準語から遠いけどね(笑)。
**志乃**　今思うと、そうですよね(笑)。

というわけで、石垣島出身で今は養老牛温泉「湯宿だいいち」の若女将としてすっかり北海道に溶け込んでいる志乃ちゃんのインタビューはまだまだ続くのです。

ちなみに、石垣島の石垣市役所とか石垣消防署の近くの「かみやーき小《ぐわ》かまぼこ店」※4は志乃ちゃんの親戚なのだ。美味しいですよ♡。

※2……初めてオリオンビールをぷはーっと飲むこと／※3……八重泉などの泡盛を初めて飲むこと。請福派もいる（あざらしは玉の露派）／※4……創業80年の老舗名店

# どうしようか迷ったけど あえて竹富島初止宿の 旅の続きを書くとするね

２０１４年、竹富島は大変なことになっていた。文字通りの島を二分する醜い争いが勃発💭。「どっちもはんかくさいべさ」と北海道弁で突っ込みたくなるような哀しい島になっていた。

その顛末も含めて最新の竹富島情報を書こうかなぁ、とも思ったけど、この本はあくまでも「南の島に憧れつつもまだ未訪の北海道人のためのガイドブック」なので、毎年竹富島に泊まってるし二回も行った年もあるもんね的な島慣れした紹介よりも、数字的なことは欄外で最新情報に手直ししつつ、２０１０年、最初に竹富島に止宿した折の旅日記の続きを書くとするね。

というわけで、20ページの続きからのココロなのだぁ。

竹富島初日の夕間暮れ。島の南西にある**カイジ浜**(星砂の浜)で野良猫やヤドカリと遊んだりして、まったりと過ごしてから、自転車で**西桟橋**へと行ってみた。

**西桟橋**は国の有形文化財にも登録されている定番観光スポットなので、桟橋の端から端まで観光客で埋まることもあるようだけど、夕間暮れの**西桟橋**は**カイジ浜**同様、人影もまばらだ。

でも、視界に人工物が何もなかった**カイジ浜**と比べると全く魅力が感じられなくて、同じ海を見ているのに気分が滅入った。

滅入りながら、順番を間違えたのかもしれないと思った。最初に遊んだ黒島の商売っ気のなさと空《す》き具合が良すぎたんだ。

はぁ。こんなに観光客が多いんなら、黒島に泊まればよかったかも……。そんなことを思いながら集落に戻ると、あれれ。

あんなににぎわっていた集落が閑散としているでないの。竹富島に訪れる観光客の大半は石垣島からの日帰りなので、定期船の最終便(夕方6時)※1が出て行くと、まるで別世界になるんだね。

宿の近くを

※1……10月1日～3月31日は最終便が17:45　※2……島コショウのこと。ヒバーチとか、ピパーチとか島によって呼び名は違うけど、すべてペッパーが語源
※3……今は夜9時半まで。Ｈａａｙａが夜10時までなので、竹富島で一番遅くまで営業している店はＨａａｙａになった　☞最新情報は36ページ参照

**a**夜のしだめー館。シマー（泡盛）を飲もうと思ったけどお気に入りの玉の露がなかった　**b**感動的に旨かった島らっきょの天麩羅　**c**行く予定だった竹乃子は休業中。る山も喫茶ぐるくんも泉屋も間に合わなかった

d現在、竹富島に商店は一軒もないけど自動販売機はある。買うのはもちろんさんぴん茶ね　eしだめー館で買ったアイスキャンディー（100円）。味は黒糖、ゴーヤ、ドラゴンフルーツなど6種類　f特に夜は北海道人には怖く見える

賢そうな黒犬が歩いていたので撫でていたら、近くにいた人が「飼い主にはなつくんだねぇ」と感心していた。飼い主じゃないけど、ちゃんとなついてるよ。

## しだめー館で食事をして あらやで朝を迎えたら 竹富島が好きになった

夕食を食べる予定だった竹乃子が休みだった。結局、このあとも一度も竹乃子には行ってないので、縁って不思議だよね。（竹乃子で製造しているピィヤーシ※2は愛用してるけどね）

宿の近くのしだめー館は竹富島で一番遅い時間（夜10時半）※3まで営業していることもあって、夜もめちゃめちゃ混んでいた。

昼は景観に馴染まない興ざめの看板と、チャラチャラした客層が気色悪くて近づく気になれなかったけど、日が暮れると一転していい風情だ。

闇の中、ぼんやりと照らされる魅惑的な看板に引き寄せられると、屋根はあるけど壁がない半オープンエアの席に腰を下ろす。奥に小上がりもあるけど、折節、南の島の夜風が吹き込むこの席が旅人にはうれしいのさ。

北海道人には馴染みのない巨大なフを使ったフーチャンプルー（700円）と、やはり北海道人には未知の味の島らっきょの天麩羅（500円）とグルクンという魚の唐揚げ（500円）、オリオン生ジョッキ（400円）を注文する。

向かいの瓦屋根の上にいるウナギ犬みたいにとぼけた顔をしたシーサーと目が合った。

小麦色の肌に白いTシャツが似合う美人の店員にしだめーの意味を訊くと、カタツムリと教えてくれた。いい名前だ。気が付くと、竹富島が好きになっていた。

# 竹富島で初めて迎える朝は聴こえてくる音も吹き抜ける風も優しかった

八重山地方の6月の最低気温は26度前後。日によっては最低気温が28度を超える日もある。

札幌の6月の最低気温は16度前後。13度なんて日も珍しくないので、深夜の気温は10度から15度も違うんだよね。

ホテルだったらエアコンがあるけど、今宵の宿は竹富島の古民家そのままのあらやだ。宿泊代は北海道の海産物、鍵は石垣島の居酒屋で借りて、帰りは筋向かいのイナフクの大山さんに返す方式の普通の古民家だけに、エアコンなんてあるわけないので（本当はあったけど気付かなかった）暑苦しくて眠れないんじゃないかと心配したけど、熟睡しちゃったさ。まぁ、どこでも熟睡する男の体験なので当てにならないかもしれないけど、三方の窓を開けて扇風機を回しただけで、なんとも寝心地がよかったんだ。気の流れがいいんだね。

エアコンが利いた部屋から外に出ると、午前中から30度以上ある外の気温にやられて一瞬にして汗だくになってしまうけど、こうして網戸から吹き込む風に体温を慣らしてから外に出てみたら、なんと、涼しく感じたさ○。

八重山旅三日目にして気温に順応した。けど、水※4のシャワーにはまだ慣れない。つべたい。

昨日、離島ターミナルで買ったジューシー（沖縄の炊き込みご飯）と、夕べ、しだめー館でテイクアウトしたタンカンジュース（200円）で朝食タイム。

テレビのかわりに石垣や瓦屋根やシーサーといった南の島の風景を眺めていたら、道を丹念にホウキで掃く音や、ヤールー※5や野鳥の鳴き声に混ざって、新田観光の水牛車から三線《さんしん》の音色が聴こえてきた。自動車の騒音はどこからも聞こえてこない。

竹富島は「音が心地いい島」なんだと気付いた。だからいい音楽がいっぱい生まれるんだと。

音は大事だ。この島に、この家に住みたいとさえ思っていた※6。

## ゆがふ館で実施している素足で感じるツアーは八重山最強の島ガイドだ

朝9時15分。竹富港の近くにあるビジターセンター竹富島ゆがふ館にいた。島中心部の集落から港まではホーシミチと呼ばれる一本道を自転車で走って3分ぐらい。歩いても10分程度だ。

※4……ボイラーはあったのに、ボイラーなんてないと勝手に決めつけていた　※5……ヤモリのこと。鳥のように鳴くので北海道人は100%ぶったまげる　※6……その後、あらやは画家の熊谷溢夫さんが住居兼アトリエ兼ショップ（島の思い出屋あらや）として暮らしていたけど、2014年8月に閉店

a 朝、庭から見えた風景。屋根ぐらいある高木がクバ。昔は草履などの生活用具の原料だった。クバのウチワ（クバオゥニ）は竹富島みやげのイチオシ　b 新田観光の水牛車　c 散歩すると墓の立派さに驚く

竹富島には自転車も含めた車両の通行を規制した**素足の道**という白砂の道がある。その**素足の道**をアッパ（おばぁ）と歩きながら島の歴史や文化を学ぶ**素足で感じる竹富島ツアー**（所要時間2時間／素敵なおみやげ付きで3500円）が9時半から始まるので、集合場所の**ゆがふ館**に来たわけだけど、ツアーを主催するNPO法人**たきどぅん**の阿佐伊拓さんという好青年（東京生まれの東京育ちだけど、父親の阿佐伊孫良氏が定年退職後、生まれ故郷の竹富島にUターンしたのをきっかけに移住して10年ちょっと）が、「昨夜はとてもディープな体験をされましたね。**あらや**は神様が集まる家ですからね」と、会う早々、**あらや**にまつわる竹富島の神司《かんつかさ》の話を教えてくれたので感動した。**あらや**なんて宿はないよ、と平気で言う島民もいたのに……。

まずは7分間の映画を観て、何故、竹富島では**種子取祭**《タナドゥイ》などの神事が大切なのかを学んだ。なるほどね。竹富島はサンゴ礁が隆起した平らな島なので、山もなければ川もなく、おおよそ農作に不向きな土地なので、それゆえ、日照りや台風の影響なく農作物が実りますようにという切実な思いが神様への芸能の奉納という大規模な祭りにつながったのかぁ。神様への祈りなど一掬も伴わないヨサコイソーラン祭りは今すぐ祭りという名を返上してほしいと思った次第。

シアターの後は再び阿佐伊拓さんによる竹富島の解説だ。

竹富島を中心に見た位置関係〈上写真〉や竹富島の国家「しきた盆」〈右写真〉の歌詞の解説、地名の由来（竹富島など八重山の地名は明治になって無理やり漢字を当てたので、地名の漢字に意味がないのは北海道と全く同じだ）などを本当にわかりやすく解説してくれた。とっても有意義な時間だった。

**d** ゆがふ館で観た7分間のシアター。竹富島は野宿やキャンプを全面的に禁じていることを誇らしげに語るのがいい　**e** ゆがふ館の展示物　**f** 朝、散歩をしていたら石垣で咲いていたドラゴンフルーツの花

## 竹富島交通のバスで集落へと移動した時、ギバちゃんと再会

　沖縄本島と石垣島では言葉が違うように、同じ八重山でも、石垣島と竹富島では言葉が違う。たとえば、ありがとう。石垣島では「ニーファイユー」だけど、竹富島では「ミーファイユー」。二拝《ニーファイ》と三拝《ミーファイ》で竹富島の方が一回

多く拝んだりする。あと、阿佐伊拓さんのお父さん、阿佐伊孫良氏は老人クラブの会長をしているけど、※7島の80代、90代はみんな元気なので、70代は老人クラブの「青年会」なんですよ（笑）、なんて話を教えてもらった後、島の**アッパ**（おばぁ）と一緒に**素足の道**を歩くためにバスで集落へと移動した。んだけど、なんと、そのバスの運転手が**竹富島交通のギバちゃんこと稲垣稔さん**だったりして。

　昨日、**あらや**とは全然違う家で降ろされたので、危なく関係ない家に不法侵入しそうになった事件を話してお互いに大爆笑。この事件がきっかけで、その後、石垣島の居酒屋で毎年酒を飲む仲になるのだから出会いって不思議なもんだよね。

　集落でバスを降りると待っていたのは本日のガイドの**大山貞子さん**（84歳）だ。13年前に40年間離れた島に戻ってきたんだけど、**テードゥンムニ**（竹富方言）

大会で模範スピーチをするほど竹富島の文化に精通している。

## 84歳の大山貞子さんと歩いた1時間ちょっとは本当に楽しかったなぁ

　**クバ笠**（内地だと竹笠）をかぶった大山貞子さんと**竹富民芸館**の裏の素足の道を歩くと、まずは**顕彰碑**の前で昔話を聞かせてくれた。今は**種子取祭**《タナドゥイ》という九日間に渡って行われる竹富島最大の祭りの会場になっているこの広場に、かつては税金を取り立てる施設があり、その後昭和13年に石垣島に移転するまでは竹富村役場が建っていたそうだ。

　なので、選挙だのなんだのとなると、ほかの島の人たちが前

※7……元公民館長で、竹富町老人クラブ会長、竹富町史編集委員もされて、とても人望があった阿佐伊孫良さんは2014年に亡くなられた

**a** 素足の道ガイド歴4年の大山貞子さん　**b** 戦没者の慰霊碑に刻まれた名前には竹富島から波照間島に強制疎開させられてマラリアで亡くなった人も多い　**c** 歩き疲れたら古民家カフェでくつろぐのがいい

日から竹富島に泊まって、それはそれはにぎやかだったそうだ。

昭和元年生まれの大山貞子さんにとって役場の庭は最高の遊び場で、役場のゴミから使えそうな紙を拾ってはお絵描きしていたんだって。いい話だなぁ。

**種子取祭**の奉納芸能舞台から少し離れた場所には**弥勒奉安殿**《みろくほうあんでん》がある。ここにはミルク様こと弥勒菩薩《みろくぼさつ》が奉られていて、男だけに祈りが許されている。アッパは「なんか知らないけど、女の人は差別されてるの」と憤慨しつつも、竹富島では五穀豊饒をもたらす「弥勒」と「ゆがふ」は常に一対で、「ゆがふ」は果てしない幸せのこと、それは世界中の誰にでも与えられると教えてくれた。祈りの島なんだね。

大山家は広場のすぐ横なので、**種子取祭**期間中は楽屋のような存在になる。祭の10日前からは稽古の場所となり、当日は朝5時から出演者が化粧をしたり衣装を着たり、島外にいる兄弟や親戚が泊まりにきたりするので、「わたしはみんなの世話で座る暇も眠る暇もないから、**種子取祭**をちゃんと観たことがないのよ」と笑っていた。

その後、**火番盛**《クック》と呼ばれる物見台に登った後、古民家カフェで一服したんだけど、なんと、大山貞子さん、昭和60年ごろ、踊りの公演で札幌に来たことがあるんだって。6月に来たところ、寒くて、寒くて、風邪をひいてしまったそうだ。「70年近く一度も風邪なんてひいたことないし、咳だってしたことがなかったから、苦しくてねぇ。でも、こっちに戻ってきたら咳も止まって、ケロッと治ったのよ」

なんて話していたら、とっくに時間がオーバーしてたりして。アッパの話、楽しかったなぁ。

## 喜宝院《きほういん》蒐集館《しゅうしゅうかん》の名物館長上勢頭《うえせと》芳徳さんとついに出会ってしまったのだ😁

大山貞子さんと一緒に、日本最南端の寺、喜宝院蒐集館へと歩いた。ここで**上勢頭芳徳館長**の話を聞くことが素足ツアーの締めくくりということで、藁算《わらさん》の話とか、いろいろ聞いたんだけど、上勢頭芳徳さんはこの後もちょくちょく登場する予定なので、ここでは省略するね。

**たきどぅん**（☎0980・85・2488）**の素足で感じるツアー**は知的好奇心も刺激してくれるし、竹富島ならではの素敵なおみやげもうれしいので、あざらし的には超お薦めなのでした。

日本最南端の寺院、喜宝院蒐集館の外観と阿彌陀さまへのお供え物。何故か加藤登紀子のCDがお供えされていた

**d** なごみの塔の正面にあるイナフク　**e** しだめー館の混み具合はこんな感じ　**f** 竹富島から石垣島に戻る船で喜宝院蒐集館の上勢頭芳徳館長と再会。五木寛之の「親鸞」を買うため山田書店に行くところなり

# RIOMOTE ISLAND

# 西表島

## 西表島行きの高速船は遊園地のアトラクションみたいだったのです♀

観光客が多くて最悪の印象だった竹富島でディープな一夜を過ごして、たまらなく好きになりかけた2010年6月7日の午後。もう一泊したい衝動を抑えて、昼食後、島を出た。

竹富島を13時15分に出る船で石垣島に戻り、13時30分発の船で西表島に移動するので綱渡りだ。どちらの船も安栄観光※1なので船長に乗り継ぐ旨を伝え、離島ターミナルに着いたらダッシュで西表島の上原行きの切符を買った※2。で、笑ってしまったさ。

竹富島行きの船は満員で老若男女ゴチャマゼだけど、上原行きの船は乗客が三組五人だけで（人よりも荷物が多いぞ）、全員若者なんよ。島によって客層がこんなにも違うとはね……。

西表島に行く旅人はジャングルトレッキングやダイビングなどが目当てなので自然と若者中心になるのかな？

風と、波しぶきと、テーマパークのアトラクションさながらの揺れを途中までは笑いながら楽しんで、途中からはゲンナリして、45分後、西表島の上原港に到着した。

西表島は八重山では石垣島に次いで大きな島なので、石垣島と定期船が往復している港が2カ所ある。水牛で由布島に行く人たちなんかが利用する島東部の大原港と、アウトドア体験を目当てとする若い旅人たちが主に利用する島北西部の上原港だ。

気持ちの切り替えがヘタなおいらは竹富島にもう一泊した方が正解だったのではなかろうか、という思いを途中まで引きずっていたけど、竹富島や黒島のようにサンゴ礁が隆起してできた平らな島とは様子がまるで違う、海のすぐ近くまで山が迫っている複雑に入り組んだ地形が近づくにつれ、船に五人しか乗っていないという穴場意識も相俟って、港に着く頃には俄然、西表島が楽しみになっていた。

港ではやまねこレンタカーのアヅマさんが出迎えてくれた。

※1……石垣島と西表島を結ぶ高速船は安栄観光と八重山観光フェリーの2社で、往復切符は双方の船に乗船可
※2……この時はお得なフリー切符の存在を知らなかったので往復3800円（現在4400円）をまともに払っている

a 小さな高速船で外洋を激走したので波しぶきが激しかった　b 帰りの船の主役は人よりもパインだ　c ニライカナイリゾート（現リゾナーレ）の影響でウミガメが産卵できなくなったことを訴える看板　d ちょうど西表小学校が開校120周年だった

あれれ。みんな乗るんだ。

**上原港**で降りた五人全員が、**やまねこレンタカー**の送迎車に乗ったので苦笑してしまった。

でも、よく考えたら、そりゃそうか。ほかの島ならレンタサイクルで島内を移動できるけど、石垣島と西表島は広すぎて車がないと移動不可だもんね。

## ツアー代で散財するので一泊朝食3700円の宿にしたら大正解だった

やまねこレンタカーで保険込み24時間5000円の軽自動車（ナビなし）を借りて、まずは今宵止宿する宿へと走った。

西表島ではカヌー&ジャングルトレッキングに予算を費やす関係で、宿は安さ重視で一泊朝食付3700円の**マリンペンションたいら**にした。

ほかの宿と比べると、かなり格安なので少々不安だったけど、バス、トイレ付きの和室だし、結果的に大正解だったんだ。理由はのちほど。ヒントは右上の写真（食堂）ね。

波しぶきで濡れたTシャツを着替えて、すぐに島探索に出発。まずは西はずれの集落を目指す。

初めての土地をナビなしの車で走るのは快感だ。頭の中の地図の正しさが確認される度にアドレナリンが出まくるからね。

まずは上原の北西にある**星砂の浜**方面へと走る。この周辺は飲食店が多いので、夕食を食べる店を物色しつつ走ると、すぐにいい感じの店を発見したぞ。

瓦屋根の上にシーサーが一頭だけ乗っている平屋の小さな店で、看板には**いるむてぃや**と書かれている。いるむてぃは西表の地元読みだ。竹富をたきどぅん、波照間をべすまと読むのと一緒ね。やまねこレンタカーのアヅマさんからは**初枝**という寿司屋をお薦めされたけど、北海道人のプライドっていうのかな。南の島まで来て寿司はちょっと勘弁してほしい。なので初枝はパス。ごめんよ。

ちなみに近くにある**上原小学校**は開校60年。戦後の浅い歴史しかない。に対して、10分ほど走った**祖納**《そない》**地区**は歴史が古い。

**西表小学校**の前を走ると開校120年の看板が出ていたもんね。ちょうど下校中の子供たちが歩いていた。結構いっぱいいるぞ、と思ったら、これでほぼ児童全員だったりして。

# ヤマネコ注意の看板に西表島らしさを感じながら白浜へドライブ

西表島の道路にはセンターラインがある。ほかの島と違って十分な道幅があるってことだね。

それだけに飛ばす車も多いようで、カンムリワシのイラストで「スピード出し過ぎワシャおカンムリ」みたいなスピードダウンを促す看板がいっぱいある。

おおっ。本物のバスが走っているぞ。竹富島ではバスという名のワンボックスカーだったけど、西表島は見慣れたバスだ。

祖納《そない》に着いたので、まずはスーパー星砂に立ち寄ってみた。

ジュースでも買おうかな、という軽い気持ちで入ると、西表糖業の黒糖（原材料がさとうきびだけなので美味）など島の特産品はいっぱい売っているし、ＣＤコーナーには西表島船浮出身の池田卓をはじめ地元の唄者のＣＤが揃っているでないの。

雑誌スタンドには週刊大衆や月刊やいまと並んで、いりおもて探検隊という地元のフリーペーパーも置いてあるぞ。読むと、島に救急車はないので１１９番しないで診療所に電話してとか、イノシシ狩りは11月15日から2月15日までとか、興味深い内容が多くてうれしくなっちゃった。

生鮮品のお薦めは地元のニンニク（一個60円）だ。島では黒砂糖漬けにして食べるんだって。

北国ではなんでも塩漬けだけど、南国ではなんでも砂糖漬けなんだよね。保存方法の南北差なり。

いくつか特産品を買おうとレジで打ってもらっている最中、面白いものを見つけてしまった。ゆったり歩こう祖納マップ。地元の子供会が製作したＡ３判のイラストマップだ。これもください、と美人店員に渡すと、「これは店の売上とは別なの」と、代金の１００円を子供会用の袋に入れていた。いいねぇ。

さっき見かけた子供たちが作ったのかな、と、早速マップを広げると、おおっ。ウミショウブと書かれた浜があるでないの。

ウミショウブは八重山でしか見られない不思議な植物なんよ。

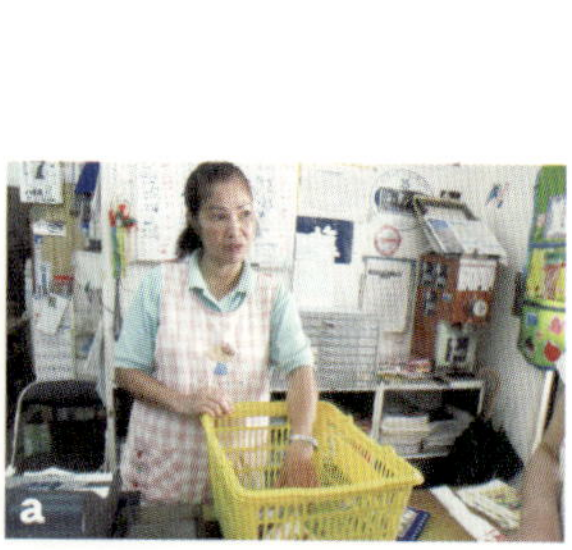

a 祖納のスーパー星砂の美人レジさん　b 祖納子供会（小学生12人、中学生4人）作成の「ゆったり歩こう祖納マップ」100円。裏面には各項目の詳細な解説が掲載してあるよ　c ウミショウブを見られる前泊の浜（上写真も）

子供たちが描いたイラストマップを片手に前泊《まえどまり》の浜へと歩くと、遠浅の美しい砂浜に着いた。

ウミショウブの雄花の海面大移動は時期的には今頃なんだけど、大潮の二日間しか見られない珍現象なので、そう簡単には見られないのね。あがやぁー♀。（オーマイガァの祖納版の言葉だとマップの裏に書いてあった）

干潮時には歩いて**カクレクマノミ**を見に行ける、ってのがすごいなぁ。でも今は干潮じゃないなぁ。などと思いながら砂浜を歩いていたら、あらら。ヤドカリを踏み付けてしまったぞ。ヤドカリ殺しになっちゃうので北海道人が南の島の砂浜を歩く時は気を抜かないようにね。

## 西表島と石垣島で助けたカメはこの二島にだけ生息するカメだったのです

祖納から白浜方面へ西表島の西海岸をさらに南下すると、海人の家を越えた辺りから道が急に狭くなった。と思ったら行き止まりになっちゃった。恵山の浜の湯※3を過ぎた辺りみたいにね。

西表島は南西及び南海岸の大部分に道がない。車では一周できない島なんよ。なので、白浜よりも南にある船浮とか網取には海上交通でしか行けないんだけど……あがやぁー♀。（二回目）

日帰り可能な船浮行きの船は13時20分が最終で（ちなみに今は14時半ね）、次の便（17時10分）だと帰ってこれないのかぁ。というわけで、船浮行きは断念。**西表島に来た目的の一つを実行すべく来た道を戻ったのでした。**

途中、不思議な鳥（クイナの仲間）が道を歩いていたので、車を停めて近づくと、鳥は逃げちゃったけど、道路脇の側溝でジタバタしているカメさんを発見した。側溝から上がれなくて困っている様子なので救出するとおしっこを垂れやがった。西表島と石垣島にしか生息しない**セマルハコガメ**くんだ。

この四年後、石垣島で引っ繰り返ってカラスに襲われていた**セマルハコガメ**を助けるんだけど、その話はまた今度ね。

※3……たとえがマニアックすぎてごめんね。詳しく知りたい人は「温泉番長ほっかいどう」【番長級】を見てね♀

**d** 祖納は稲作が盛んで、うるち米や栄養価の高い黒紫米が栽培されている　**e** 6月7日なのにもう稲刈りをしていた。ほとんどの農家が二期作だ　**f** 水田だけ見ると北海道と変わらないけど海を見るとマングローブなのが南の島だね

# 日本最南端の温泉から日本最西端の温泉までは徒歩30歩だったのだ。

行き止まりの白浜から、宿がある上原まではたったの13㎞。なんだけど、ナビなしのレンタカーで走るのはすこぶる楽しい。

お目当ての西表島温泉は上原を通り過ぎてから走ること約15分。北海道だったらなんてことない距離だけど妙に長く感じた。なので、宿に忘れた水着を取りに戻るのは早々にあきらめて、大枚3800円を支払って、今後二度と着ないだろう水着を購入しちゃったよ。はぁ〜、おれのバカバカ。

何ゆえ水着を購入したかというと、男女別の浴場とは別に混浴の露天風呂があって、こちらは水着着用が義務づけられているからなのよ。

男女別浴場にも露天風呂はあるんだけど、一番楽しみにしていた日本最南端の温泉（湯舟）と日本最西端の温泉（湯舟）が、ともに水着着用エリアにあるって話なので、泣く泣く水着を購入した次第。

行くと、なるほどね。露天風呂には四つの湯舟が並んでいて、うち一つに日本最南端、別の湯舟に日本最西端の温泉と表示されているでないの。塩素臭いぞ、とか、分析書に記されて入る成分総計（4259㎎／㎏）より全然薄いぞ、薄めて循環して塩素殺菌してるな、みたいな温泉番長的評価は横に置いて、「パンパカパーン。日本最南端の温泉に入ります」と独り実況中継しながら湯に入ったのでした。※4

※4……西表島温泉は源泉の減少が著しくなったため、源泉堀削から20年が経過した2012年10月31日に閉鎖してしまったのです。残念だなぁ……

**a** 西表島の夕間暮れ　**b** 夕食を食べたいるむてぃやの店内。木の温もりがいい感じでしょ　**c** 宿の並びのスーパー川満は市場とコンビニエンスストアとみやげ屋の要素を兼ね備えているほかに、町の掲示板としても活躍していた

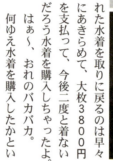

うん。開放的な風情といい、目に入る植物といい、北海道の温泉とはまるで違う南国ムードたっぷりなので、これはこれでいい記念になるってもんだね。

でも、内風呂も全然あったまらなかったなぁ。八重山で唯一の温泉ってことなので入ってみたけど、温泉に関しては北海道の圧勝なりね、なんてことを思いながら宿に戻ると、魅惑的な貼り紙を見つけてしまったんよ。

〈民謡ご希望のお客様はお気軽に声を掛けてください〉

女将に、これから夕食を食べてくるので、戻ったら民謡を聞きたいとお願いすると、父さんは夜10時には寝るので、早めに戻ってきて、とのこと。慌てて昼間目を付けたいるむてぃやへと向かったのでした。

玉乃露の水割りを飲みつつ、豆腐チャンプルーセットとゴーヤのペペロンチーノを食べたんだけど、味の話は省略ね（笑）。紙ナプキンの店に旨い店なし○。の法則がまたしても当たってしまったよ。風情はすこぶるいいのにね。

## 一泊3700円なのに心のこもった民謡ライブで楽しませてくれたのです

宿の近くの川満スーパーで、酎ハイ、たんかんジュース、島茶（美味）などを買って、夜8時50分に宿に戻ると、ランニングシャツ姿の平良昌裕さんが食堂で待ちくたびれていた。

八重山には八重山日報が後援する安室流協和会など三団体（四部門）と、八重山毎日新聞が後援する八重山古典民謡保存会の四団体があって、平良さんは唄三線《うたさんしん》一本勝負の古典民謡保存会の教員だ。

「三線は教本から入ったらダメ。唄が主役で、三線はオマケです」と言いながら、「安里屋ユンタ」や「十九の春」、「花」といったお馴染みの曲から、地元西表島の「デンサ節」、「蔵《うら》ぬぱな節」、「上《うぃ》原《ばる》ぬ島節」、「下原節《そんばれーぶし》」、「みだら浜エレジー」（これが名曲○。）など、実に12曲を一時間以上かけて唄ってくれたんよ。一泊朝食付き3700円の宿で、こんなにいい思いをしていいのだろうかと恐縮しつつも素敵な夜を満喫して、翌日はカヌー&トレッキングを楽しんだのでした。

**d**マリンペンションたいらの平良昌裕さん。父親の代に宮古島から移住して、本人は地元上原小学校の第13期生。本業は大工の棟梁　**e**洗面台が外にあるってのが北海道人には新鮮だよね　**f**宿の書架に「いい旅」を勝手に寄贈

## キノボリトカゲやトントンミーと遊んでサガリバナにうっとり

翌日は火曜日なので、HBCラジオの生放送がある。宿泊した宿から電話出演して、朝食を食べて、9時にチェックアウト。

9時半出発の**カヌー&トレッキングツアー**に参加するために**風車**へと向かう。今朝の気温は25度。体が南の島に馴染んだらしく、25度が肌寒く感じるぞ。

14時半発の船に乗りたいので、おいらが選んだのは往復3時間ちょっとのピナイサーラの滝ツアー（昼食付き7500円）だ。結果的にこれが大満足だった。

まずはカヌーでマーレー川、ヒナイ川を進む。**トントンミー**（ミナミトビハゼ）や**シオマネキ**（片手の大きな蟹）と遊んだり、いっぱい落ちている**サガリバナ**の甘い香りをかいだり、

体長40㎝もある巨大な穴ジャコの巣を見つけたりしながら上流に進んだら、カヌーを降りてジャングルの中を歩き始めるんだ。

板根と書いてバンコンと読むので独身の人は触れないように、とか、マーニー、アカギ、葉脈、山大根、オオタニワタリ……と、ガイドさんの解説はウルトラマンの顔の原点にまで話が広がる。

**滝壷**で遊んだあとは大きな岩の上で、ガイドさん手作りの**黒紫米のおにぎりとムーチー**（島スィーツ）を食べたんだけど、これがしみじみ旨かったなぁ。

途中、超美人ガイドのツアーとすれ違ったけど、全然うらやましくなかったもんね（涙）。

**カンムリワシ**の鳴き声を聞きながらジャングルをあとにした。

a 板根は毎年1㎝ずつ成長するので樹齢100年だと高さ1mになる　b サガリバナはマングローブの一種。6月から7月にかけての夕方になると開花して明け方には散ってしまう幻の花だ　c 西表島にはカヌー業者が40社もある

**マリンペンションたいら**　竹富町上原564（上原港からすぐ）1泊朝食付**3700円**、1泊2食**5250円**（風呂付きは**4700円、6300円**）。宿主の平良昌裕氏による民謡ライブは無料（要予約）。バラス島や鳩間島へのシュノーケルツアーも格安　**☎0980・85・6505**

**西表島温泉**　竹富町高那243（上原港と大原港の中ほど／パイヌマヤリゾート）　露天風呂付きの男女別浴場のほか、混浴露天風呂（水着着用）もある。湯銭**1500円**（やまねこレンタカー利用者は**1350円**）
※2012年10月31日をもって営業を中止しました

**西表島温泉の売店**　竹富町高那243　西表島産の黒糖や黒紫米など独特な味の手作りアイス（**各350円**）や、島の手作りフルーツジャム（パイン**500円**）、西表島産黒糖石鹸などオリジナルが充実している
※2012年10月31日をもって営業を中止しました

**風車**　竹富町上原870-60（上原周辺送迎あり）　ピナイサーラの滝カヌー＆トレッキング（7H）**9000円**、幻（ナーラ）の滝カヌー＆トレッキング（8H）**1万500円**、サンガラの滝カヌー＆トレッキング（由布島観光付／7H）**8500円**など **☎0980・85・6441**

**スーパー星砂**　竹富町西表659（祖納）　西表島みやげが充実している。お薦めは大浜農園の黒紫米（白米3号に黒紫米を0.5合ほど混ぜて炊くだけでビタミンやミネラルが豊富なもちもち米が炊けるよ）250g**550円**。7:30～21:00 **☎0980・85・6265**

**やまねこレンタカー上原営業所**　上原港のすぐ近くに営業所あり。島内には上原のほかに大原にも営業所があって乗り捨て可（有料）。軽自動車は24時間まで**5000円**＋**1000円**（免責保険料）。8:00～18:00 **☎0980・85・6111**

**いるむてぃや**　竹富町上原10（「星砂の浜」の近く）我瑠西表そば（牛スジ入り）、てびちそば（豚足入り）**各700円**などそばだけでも4種類ある。チャンプルーは5種類でセットで**各900円**也。12:00～14:00／18:00～23:00（日曜定休）**☎0980・85・6878**

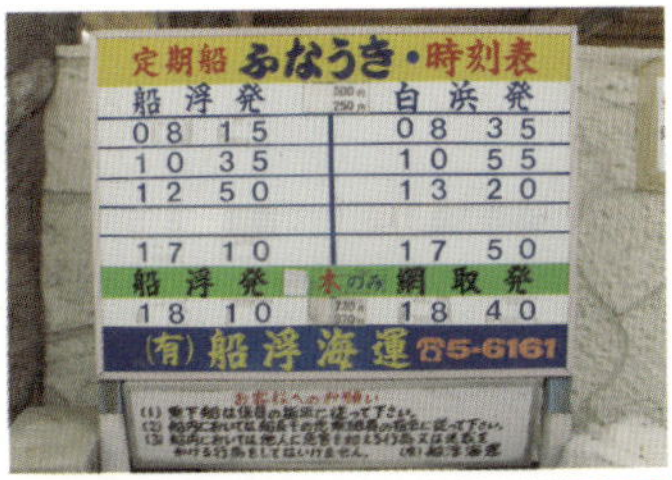


**船浮海運**　船浮までは約10分。船賃は片道**510円**。船浮港には民宿かまどま荘、素泊民宿かまどま（旧みんぐしけー）、ふなうき荘、民宿しらはま荘、金城旅館などがある。池田卓が活躍する船浮音祭りは毎年4月の第3日曜日に開催　**☎0980・85・6161**

**■西表島で遣ったお金**

| | |
|---|---|
| 高速船代（往復） | 3800円 |
| レンタカー代（24H） | 5000円 |
| 宿代（1泊朝食／ペンションたいら） | 3700円 |
| 西表島温泉の湯銭（10%引き） | 1350円 |
| 水着代（西表島温泉） | 3800円 |
| ピナイサーラの滝ツアー（風車） | 7500円 |
| 夕食代（いるむてぃや） | 2200円 |
| 西表島の黒糖（スーパー星砂） | 2個500円 |
| 月桃カステラ（スーパー星砂） | 140円 |
| 黒紫米（スーパー星砂） | 550円 |
| ゆったり歩こう祖納マップ（スーパー星砂） | 100円 |
| 島茶（川満スーパー） | 550円 |
| 晩酌用チュウハイほか（川満スーパー） | 853円 |
| **合計** | **30043円** |

# 西表島で立ち寄ったポイント

※赤文字は2014年11月末現在に修正したデータです

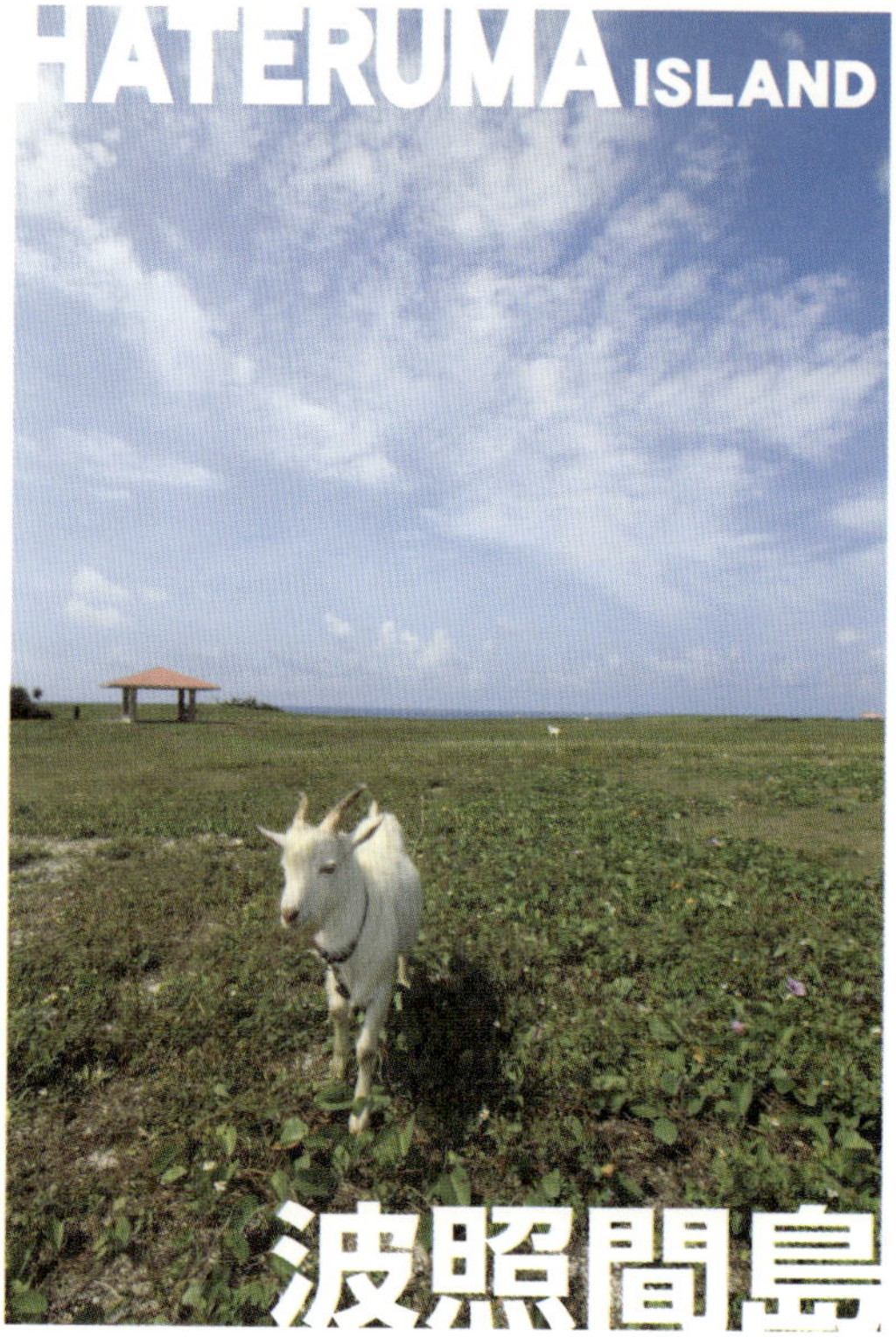


# 日本最南端の有人島は共同売店が五店もある生活感あふれる島なのだ

「八重山に毎年来てる人が、五年目にしてやっと船が出たので波照間に来れました💭って喜んでたんですよ」と、美貴ちゃんが教えてくれた。美貴ちゃんの説明は後でするとして、斯様に欠航率が高いとは知らなかったおいら、石垣発15時30分[※1]の波照間行き高速船に普通に乗っていた。いや、普通じゃないか。15時10分に石垣島に着くはずだった上原発の安栄が大幅に遅れたので綱渡りで乗船したんだった。

この船も冷房きき過ぎ💭。なんだろ、この《冷やせば冷やすほどサービスがいい》みたいな勘違いは。波照間海運の客室のシートはふっかふかだし、リクライニングもするけど、寒いったらありゃしない。デッキに出ると体感温度はちょうどいいけどベンチなのでお尻が痛い。

どっちがマシか悩んだ結果、寒いけどふっかふかを選んだよ。長袖シャツを持ってきてよかったぁ。まさか、夏の八重山で寒いのを我慢するとはね😄。北海道人が夏の八重山を旅する時は長袖が必需品だぜ💭。

ジャスト一時間後、波照間港に着くと、宿泊する宿（星空荘）のスタッフが迎えに来ていた。料理担当のリョウスケくんだ。

日本最南の駐在所の前を通って宿にチェックイン。荷物を下ろして時計を見ると夕方の4時40分。八重山の6月のこの時間はまだ昼のように明るいんよ。夕食が6時なのでまだ一時間以上あるぞ。自転車を借りて一時間ほど島内めぐりをしようっと。

星空荘から徒歩3分のSUN輪舎[※2]で自転車を借りて、わくわくしながら走り始めると、中央集落の真ん中にある名石共同売店の横に座り込んで一人で酒盛りをしているジャージ姿のおっちゃんと目が合った。というか絡まれた。ところが、このおっちゃん、北海道から来たことを話すと「一度でい

※1……ちなみに2010年6月8日ね。※2……2010年9月30日に閉店しちゃったのです

a民宿星空荘のリョウスケくん（当時のヘルパー）が港に迎えに来てくれた。頭に巻いている布は島の植物で染めた自分の作品だ　b日本最南の波照間駐在所　cSUN輪舎で自転車を借りると「仔山羊を触ってきたんだよぉ」とうれしそうに自慢された

いから北海道に行きたいんだ。50万円ぐらいかかるか？」と少年のように眼を輝かせたんよ。

20万円あったら行って帰ってたっぷり遊べるよ、と言うと、「おれの死ぬまでの夢さ」と、オリオンの発泡酒を飲み干した。

島のお薦めスポットを訊くと「ニシの浜。キレイだよ」と即答。「最南端の碑は誰もいなくて寂しいけど、ニシの浜は誰かいるから寂しくないよ」だって。

## 中央集落は街中が標語だらけで子供がいっぱい♡

波照間島は八重山のほかの離島とあきらかに違っていた。

夕方の5時45分だというのに、よちよち歩きの子供たちがいっぱい公園で遊んでいるんよ。ほかの島では小中学校を存続させるために離島留学でなんとか子供の頭数を維持している（それでも鳩間島の小中学校は子供が0人になったこともある）というのに、**波照間島**はベビーラッシュなのさ。観光業も、行事も、人口も、島外から嫁いできた女子たちが島に活気をもたらしているんだね。

学校の前には「**ようこそ波照間幼・小・中学校へ**」と書かれた子供たちの写真入りのポスターが掲示してあるんだけど（都会の学校は逆立ちしてもまねできないだろうね）それによると平成22年4月現在、幼稚園は**園児14名**、小学校は**児童24名**、中学校は**生徒10名**。これだけで子供は**48名**♡。幼稚園入園前の子供を入れたら**50人以上**いるぞ。

人口539人（2014年3月末現在）の小さな島の1割が子供たちってすごくない？

なんてことを考えつつ、大きな木にバナナがなっているのを見上げては、やっぱり南国なんだなぁと感動しつつ、自転車で集落内を走り回っていると、むむむ。標語がやたらと多いんよ。「飲んだら乗るな」的なやつ。

くすりとも笑えない標語にはなんの意味もないって個人的には思うけど、**波照間島**の場合はキッチリとしたフォント文字じゃなくて、ヘタッピな手書き文字だからOKなんだろうね。

おっと、夕食の時間だぜ♡。

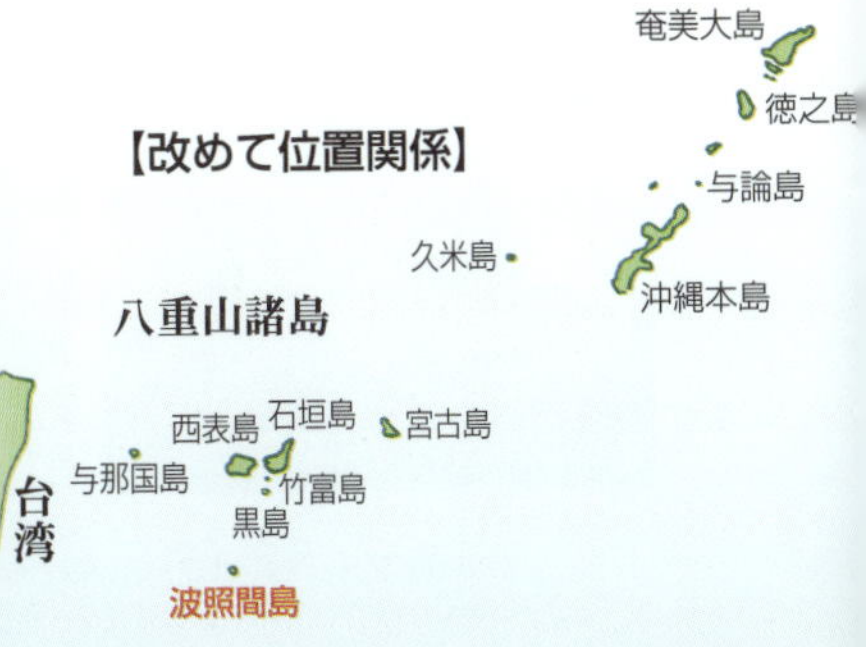

# 夕食後もまだ明るくて驚きつつも得した気分♪いよいよニシ浜へ♀

星空荘の夕食は素朴で感動的だった。今日、漁れたてのカツオを長命草と一緒に食べたら旨いのなんのって。旬だし、本場だし、旨い、旨いとあっという間にたいらげて、夕方6時半。

ニシ浜の夕日を見に行こうと慌てて外に出て驚いたね。夕食後なのにまだ明るいんよ。日の入りが30分ほど早い北海道人にとってはちょっと得した気分だ。

買い物帰りのおばあちゃんが歩いてたりして夕刻の中央集落は生活の匂いであふれていた。

せっかく美しいと評判のニシ浜に行くのだから、仕事（撮影）だけじゃもったいないと思い、アルコールを調達するため**名石共同売店**に立ち寄ったら、品揃えの多さに驚いてしまったよ。

生鮮品から生活雑貨、酒類、おにぎり、揚げ物、特産のもちきびや黒糖、島オリジナルのCDまで揃っているぞ。共同売店

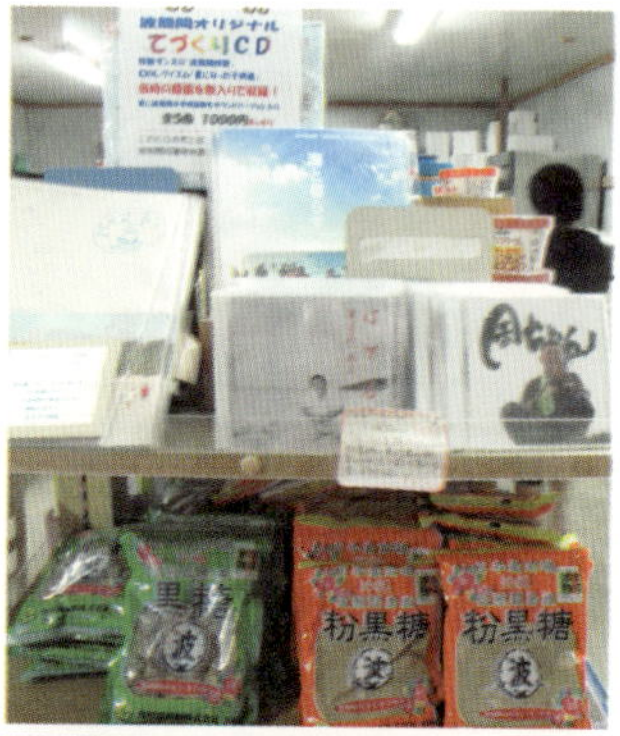

ていうから地元の人だけの店かと思ったら、旅人にとっても十分魅力的でないの。ちなみに泡波のミニチュアボトルは一人10本まで。石垣島の**離島ターミナル**で普通に手に入るんだけどね。

自転車移動なのでビールは買わずに（揺れで泡が吹き出すからね）、沖縄限定南国チューハイを二缶買ってニシ浜へと向かう。途中、どこかの民宿の前でおじぃたちが宴会をしていた。とっても楽しそうに見えた。

ギアなし、カゴなしのシンプルな自転車で宿からほんの1・7km西に走ると、さとうきび畑が切れた下り坂で、いきなり、本当に突然、夕日に染まる海が目に飛び込んできた。遠くにどこかの島まで見えるぞ。ニシ浜だ♀。

## 沖縄で最も美しい砂浜と言われているニシ浜の夕景を独占したのです

名石共同売店の横で酔っ払っていたおっちゃんは「ニシの浜」って言ってたし、昔のガイドブックには「北浜」と書かれているけど、沖縄では「北」を「ニシ」と

a日本最南の泡盛「泡波」は波照間哲夫さんの波照間酒造所でマイペースに作られている　b浮き球をいっぱいぶら下げている家を発見♀　c石垣と瓦屋根の伝統的な民家。屋根の上のシーサーはもちろん1頭だ

読むので、「ニシ浜」でいくね。
　そのニシ浜、予想していた以上に美しかったので、写真を撮りまくって、仕事終了〜っ◯。と南国チューハイを呑み始めたら、

ずるいんだ。時間が経つほどにさらに美しくなっていくので、呑むのを中断してまた仕事さ。

　時間帯のおかげだと思うけど、**竹富島のカイジ浜**同様、ニシ浜にも誰もいなかった。どこまでも遠浅の南の島のビーチを独占さ。なんて贅沢な時間なんだろ。そういえば、**竹富島**も**波照間島**も島内でのキャンプが全面禁止だった。だから、視界に車だのテントだのといった人工物がひとつもないんだ。１００年前、２００年前の人たちと全く同じ風景を見ていると思うと、海の向こうの西の果てに、本当に極楽浄土の神様の国があるような気がしてきた。そう思うだけで幸せな気分になったよ。

## 星空観測タワーへの送迎の車中、いろいろと教えてもらったのです

　やばい。19時50分に佳奈ちゃんが迎えにくるんだった。もっとニシ浜にいたい気持ちを抑えて慌てて宿へ戻る。全力疾走さ。

　広田佳奈ちゃんは自転車を借りた**ＳＵＮ輪舎**の店主だ（と思う）。「せっかく波照間島に来たんだから**星空観測タワー**で南十字星を見ませんか。もしよかったら送迎しますよ」と素敵な提案をしてくれたので、是非にとお願いした次第。緯度の関係で北海道では見ることができない**南十字星**を日本最南有人島の**波照間島**で見る◯。ってのが、今回の旅の最大の目的だったので、渡りに船の誘いだったんだよね。

d

e

f

**d**楽しそうな看板を発見。後冨底周二さんの三線ライブ、とっても見たかったけど時間があわなかった（涙） **e**学校の塀も標語だらけだ **f**誰もいないニシ浜で夕日を眺めながら呑んだ沖縄限定南国チューハイは南国の味だった

## 赤ちゃん山羊《やぎ》も土星も初めて見るカブトムシもイントロだったのです

　夜8時。中央集落から少し南へ走ると、というか、集落から南側はすべて真っ暗だった。その中にポツリと小さな明かりが見えた。**星空観測タワー**らしい。

「9時半ごろ迎えに来ますね」と佳奈ちゃんが帰る。働き者だ。

　車中、夕暮れのニシ浜がとてもキレイだったと話すと「昼の方がもっとキレイですよ」との返事だったので、この時は感性の違いかな?と思った。だって、あんなにキレイだったんだよ。

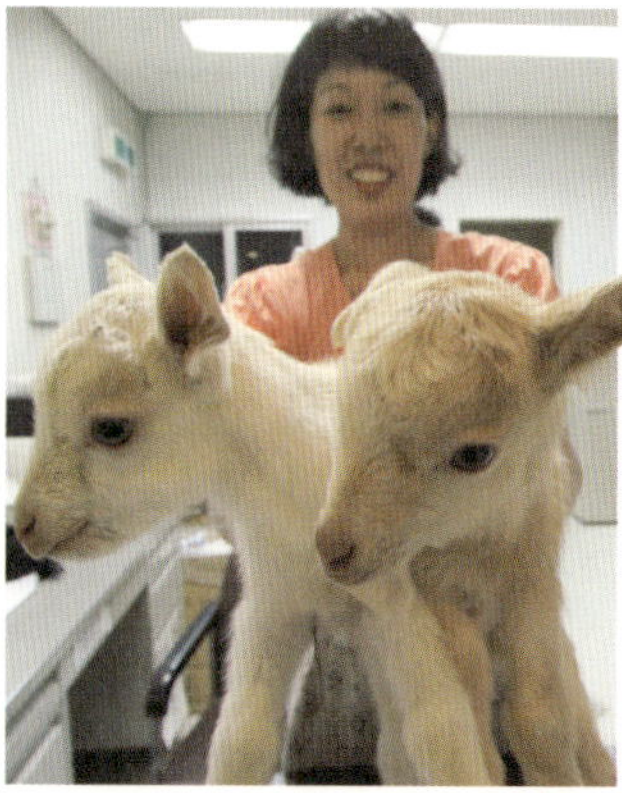

　あ、山羊だ。公共施設なのに山羊がつながれている。さすが八重山。この緩《ゆる》さがいいなぁ。

　とか思いながら、館内に入って入館料400円也を払おうとしたら、受付の女性スタッフが仔山羊を二頭抱えていた。

か、かわゆい～♡。

　生後四日目の赤ちゃん山羊で、まだヘソの緒が付いている。出産後、お母さん山羊が死んでしまったので育てているんだって。

　仔山羊を抱かせてくれたお礼の意味も込めてタオルや手ぬぐいなどのオリジナルグッズを購入する。最南端証明書も販売していたけど、こーいうものを買う人の気持ちがおいらにはわからない。よほど信用がないので、友人に波照間島に行ったことを説明するにも証明書が必要なのかな。タオルや手ぬぐいだと普段使いしながら、目にする度に島の思い出にひたれるから、旅のみやげは実用品に限るぜ。

　中も外も山羊だらけってのがいいなぁと思いながら、特に案内もないので、勝手に螺旋階段を上がっていくと、おおっ。眺望抜群でないの。

　波照間島には三階建て以上の高い建物がないので、昼間も眺めがよさそうだぞ。

　本格的な望遠鏡があるので、勝手にのぞいて見ると、ひゃっほー。**土星のリングが見えるように固定してあった**。しかも、ハッキリクッキリ鮮明なのさ。**波照間は**気流の影響を受けないので、中島公園や初山別の天文台で見た時のような不安定さがないんだろうね。

　あっ。カブトムシを発見。飾り物のようにカーテンに止まっていたんよ。メスだと思ったけど、よく見ると、小さな角がクルリと上を向いているぞ。見たことがないカブトムシだ。

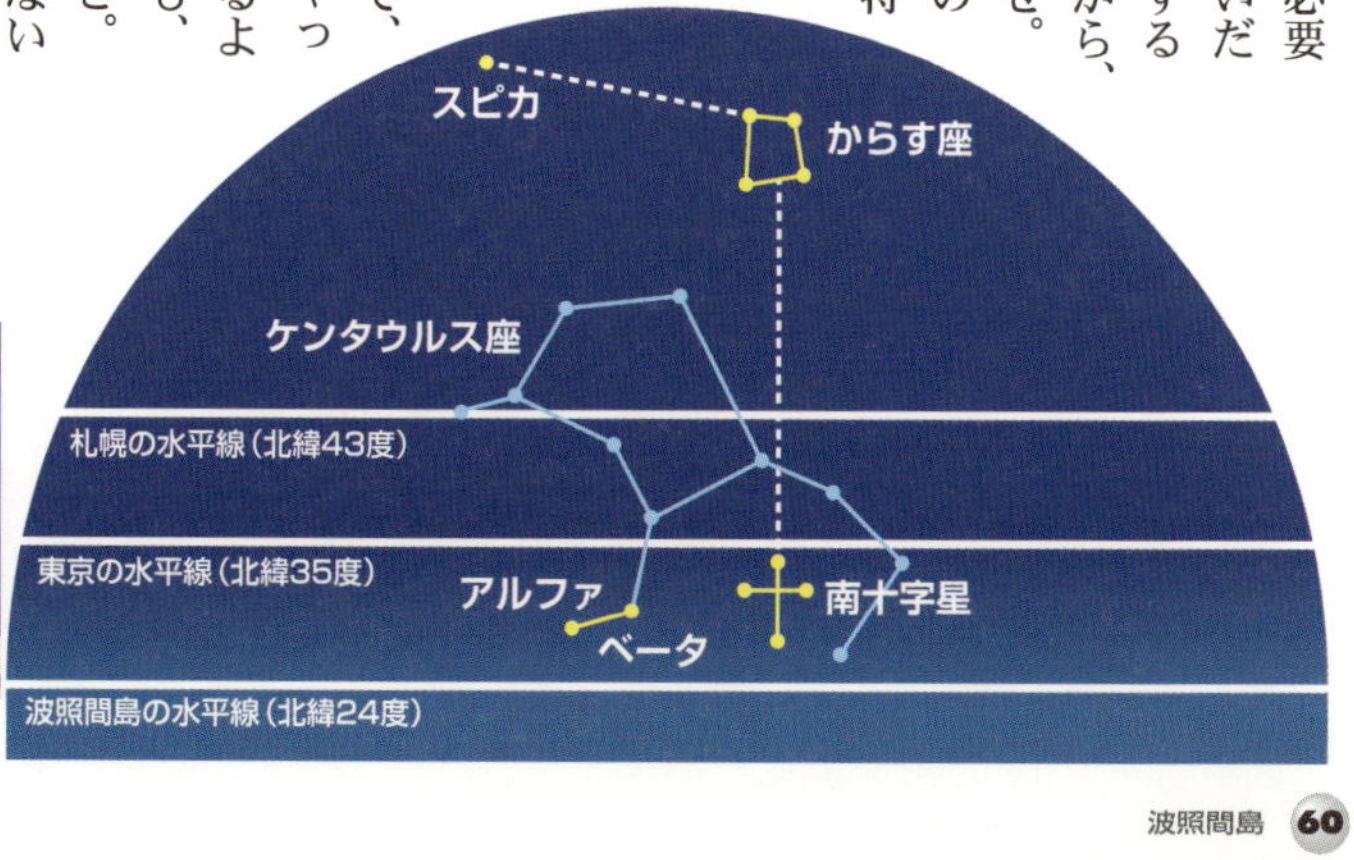

# 北海道人のための南の島ガイド
## 波照間島

実はこいつ、タイワンカブトといって、オスも角が短いのが特徴なんだね。向光性で飛んできて引っ繰り返っていたのを拾って保護していたとのことなり。

## 南十字星は12月前半から6月中旬の時間限定、月が暗い夜限定なのです

相変わらずよくわからないまま屋上に行くと、学芸員らしき男性（親盛早人館長だと分かるのは帰り際のことさ）がいたので、さすがに今夜は南十字星は見えませんよね、と弱気で話しかけると、「今、見えてますよ」だって。エエエエーッ💭。

「まだ太陽の明るさが残っているので見にくいけど、今三個見えてますよ」と言いつつ、その男性（実は館長）が教えてくれた、「まずスピカとカラス座を見つけて、そこから南十字星を見つける方法」で探すと、あった💭。南十字星、英語だとサザンクロス、こっちの言葉だとハイムルブシの上の三個がハッキリと見えているでないの。下の一個は雲に隠れて……、隠れてないですよ、ほら、あれですよね？

「わっ💭。四つ見えてるね💭。四つとも見えるのは一年に20日しかないんだよ💭。」

星座の南中時間と日没時間の関係で、南十字星が見えるのは12月中旬から6月中旬まで、さらに天気や月明かり（満月とその前後も見えない）などの条件も加わるので、波照間島にいても見える確率は5％なんだって。なんという幸運💭。

と、興奮していたら、いつのまにか到着した星空ツアーの一行（結構な人数）が、なに、どーしたの？って感じでキャッキャとにぎやかになったので、親盛館長（とは誰も気づいてない）の星空トークショーが始まったんだけど、これが楽しいのなんのって。天体にたいして興味なさげの女子たちもピンク色の声で大興奮さ。やるなぁ、このおっちゃん。と思って帰りに受付で訊いたら館長だと判明した次第。

## 波照間島の居酒屋で謎のメニューを発見💭。バッポーってなに？

南十字星を見ることができた感動が覚めやらぬまま宿に着いたのが21時40分。満月の夜はヘッドライトなしでも運転できるらしいけど、今宵は新月の三日前ということで街は真っ暗だ。

その暗闇をぷらぷらと歩くと、赤ちょうちんに手招きされちゃった。波照間島で一番遅くまで営業している居酒屋あがんだ。入ると店内に観光客の姿はなく、地元の男たちでにぎわっていた。

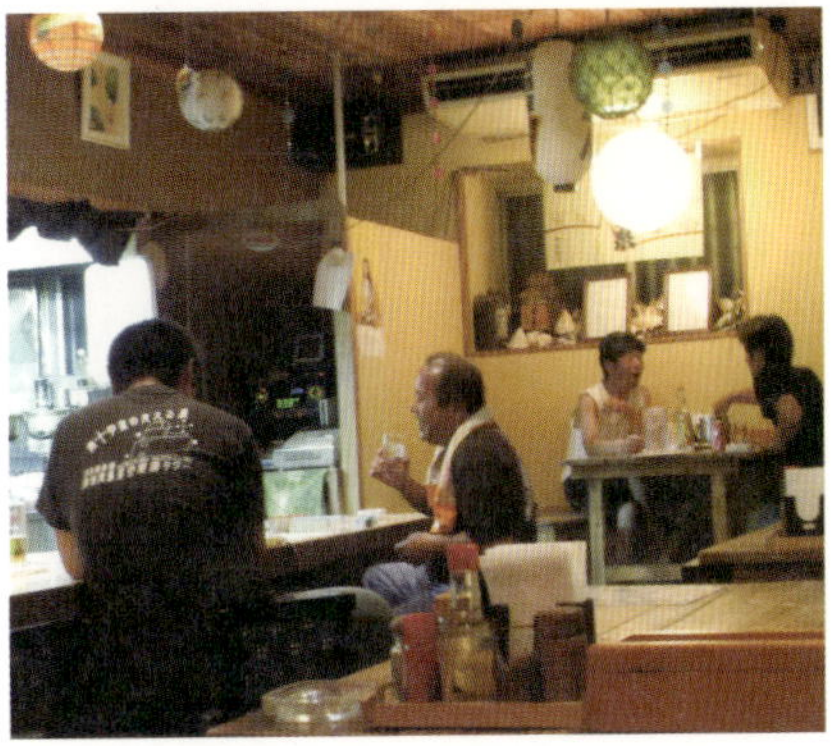

a波照間島の南海岸にある星空観測タワー　b星空観測タワーではタオルや手ぬぐいなどのオリジナルグッズを買うのも楽しみ　c角は小さいけどタイワンカブトの♂　d暗闇に浮かぶ赤ちょうちんが魅惑的な居酒屋あがん

メニューを開くと、あれれ。**八重山そば**がないぞ。そばを一杯食べてから眠るつもりだったのにぃ。かわりに**八重山そばの塩焼きそば**（**600円**）ってのがあるので、それと、**オリオン生ビール**（**500円**）を注文する。

あと、**バッポー**（**500円**）ってなんだろ？　あえて店員に訊かずに、それも注文する。何が出てくるかドキドキするぞ。

店内を見渡すと、壁に**北緯24度2分25秒**と書かれたタオルが貼られている。札幌の北緯が43度なので、水平線の高さも違えば、北極星の高さも違うわけだ。北海道からは見えないサソリ座のしっぽも見たし、北極星の位置が低いのにはぶったまげたよ。

などと、先ほどの星空を思い出していると、ちゃんとしたおしぼりとオリオンとお通しが運ばれてきた。お通しはイカリングだと思ってパクッと食べたら、苦手なゴーヤだった。にゃはは。

**八重山そばの塩焼きそば**が運ばれてきたので食べてみると、めちゃめちゃ旨い♀　味付けがいい。**バッポーはヒラヤチー**[※3]だった。こっちの方言なんだね。

カウンターや小上がりのほかに、すぐ右手の席に7人、反対に4人。夜10時半だというのに、客足は途絶えず、みんな熱心に語り合っている。いいねぇ。

会計するとお通し代がかかってないぞ。おそらく日本最南の居酒屋はとても良心的だった。

## 波照間島の二日目は水なし地獄で死につつ自転車で島内一周♀

波照間島二日目の朝、宿の食堂で椎名誠アニキのサインを発見する。1999年10月27日だから、アニキが55歳の時だ。

そんなこと全く知らずに選んだ宿なので、偶然に感激しつつ、島内一周に出かけるとする。

カゴなしチャリなので、リュックに撮影機材とか日焼け止め、タオル、着替えなどを詰め込んで、5分ほど走ったところで、あ、飲み物を買うのを忘れたぞ、と気づいた。4分30秒ほど前に集落を脱出したので、周囲はサトウキビ畑。店も自販機もない。

戻ろうかな。でも、**最南端の碑**とか、**高那崎**とか、有名な観光地に行ったら自販機ぐらいあるだろうし、最悪、**空港**で飲めるや。という考えが甘かったことに気づくのは1時間後のことだ。

※3……ヒラヤチーが何かは沖縄料理の店で確かめてね

a 朝食を食べていると宿の前を通学の子供たちが次々に歩いていた。平日だったんだね　b いい感じの看板を見つけたので行ってみたけどまだ開店準備中だった　c 中央集落から少し南側で出会った野良（っぽい）山羊の家族

飲み物の心配よりも、おいら、野良山羊風のつながれていない山羊の家族を見つけて大興奮さ。
山羊と遊びつつ、まずは島南岸のペムチ浜を目指したのです。

## 最南端の碑なんかより ペムチ浜の方が 遥かに最南端っぽいぞ

中央集落から南へ向かう道は緩やかなアップダウンで自転車で走ると気持ちがいい。と思ったら、すぐ横をダンプカーが通って行った。しかも何台も。空気がきれいな南の島で排気ガスに苦しめられるとはね。とほほ。

電柱がずーっと続いているのはこの先にある溜め池用ポンプのためだ。最近（2008年）までは溜め池も電柱もなかったと佳奈ちゃんが教えてくれた。実際、ペムチ浜の手前の大きな溜め池から先には電柱がないぞ。

ほどなくして、波照間島の南岸にあるペムチ浜に到着～💭。

鳥の声、波の音、遠浅の海。蝶が舞い、見たことがない花が咲いている。いい。すごくいい💭。なんとかの碑みたいな余計な人工物が何一つないのがいい。**感覚的にはここが最南端だ。**

せっかくだから波打ち際まで降りてみようと、自分の背丈よりも高い草むらを歩いて行くと、漂着ゴミだらけだった。日本語が書かれたゴミもあるし外国語のゴミもある。一羽のカラスが物憂げな表情で海を見ていた。

南岸の道をペムチ浜から東へと走る。自転車で島を一周するぞ💭。おーっ💭。という気力は早くもなかった。

だって暑いんだもん。そよ風は吹いているけど、ジリジリと暑い。まだ10時前なのに太陽は本気出してるぞ。しかもダンプカーが多くて空気が悪いし。

この時さ。飲み物を買い忘れたことの深刻さに気づいたのは。

電柱が途切れたってことはこの先に自動販売機なんてないんだ。一日が始まったばかりなのにどーしよ……。

街路樹のアダンが実をつけていたり、海に抜けていく**秘密の抜け道**があったり、石垣広場に山羊がいたりするんだけど、暑さで魅力半減さ。

**d** 地べたに直接置く方式の看板は景観を損ねないし威張ってなくていい　**e** ペムチ浜で浮き球を発見。外国から流れてきたんだね　**f** 日本最南端の島の南海岸から南の海を見たらこんな感じ。この海の向こうはフィリピンだ

コーラ、飲みたいなぁ。瓶コーラをラッパ飲みでさ。って、普段はコーラなんて飲まないのに、無性に糖分を欲していたりして。南の島の住人の甘い物好きの理由がわかった気がするよ。

おっと。自転車でカニを踏むところだった。紫色の大きいやつ。時々いるな、こいつ。

潮風で錆びたガードレールも島っぽくていいなぁと思いつつ、2・2km走ると、着いたよ、着きましたよ。**日本最南端の碑**に。正式には**日本最南端平和の碑**か。

晴れてるけど、感動はゼロ。元々は観光客《よそもの》が勝手に設置して、その後、町で設置したらしいけど、なんだろ。新しい人工物や文字にはなんの感動もないね。個人名を刻んだ石碑まであるぞ。気分が悪い。やめてほしい。

さっきの**ペムチ浜**の看板ひとつない荒涼とした風景の方が遥かに最果て感があったなぁ。

なんてことを思っていると、すぐ横をダンプカーが激走していった。これで10台目ぐらいか。

喉が渇いてカラカラだけど、もちろん自動販売機はないぜよ。

## 星空観測タワーは昼間もいい感じだけど行事で臨時休館なり

最南端の碑から400m東に走ると**星空観測タワー**が見えた。

昨日は夜だったので全体像がわからなかったけど、周辺は東屋やトイレなどが整備されているのね。残念ながら自動販売機はないけど、水飲み場があるので飛びつくと、ううむ……。ゴクゴク飲む気にはなれない水だなぁ。何度かうがいをして乾いた口の中を潤ませるだけにした。

屋上からの昼間の眺望も素敵だろうなと思って星空観測タワーに行くと、なんと、島の行事のために臨時休館だって。八重山っぽいなぁ。軽く落ち込んでいたら人懐こい山羊が近づいてきてなぐさめてくれた。どの山羊もしっぽを振りながら寄ってくる。可愛がられているんだね。

居心地がいいのでしばらくつろいでから、**高那崎**へと走った。

島の南側に電柱はなかったけど、島の東側には電柱が立っている。星空観測タワーや空港があるからだ。高い建物がない平坦な地形の島では電柱が目立つ。

炎天下を500m走ると、見過ごしてしまいそうな小さな看板を発見。赤いブロックに白文字で**高那崎**と書かれている。

足元の看板を海側に折れて砂利道を走ると、石がゴロゴロしている殺風景な景色が広がった。

**a** 昼間の星空観測タワー。立派な公共施設だけど山羊を飼っているのがたまらなくいい　**b** 竹富町が設置した日本最南端平和の碑　**c** 波照間島の東海岸にある高那崎。絶景ポイントらしいけど、東海岸に魅力は感じないよね

なんだろ。なんの魅力も感じないや。遠回りして損したかも。早々に退散して、600m北にある**波照間空港**を目指す。

喉の渇きは限界寸前。だけど、空港に行ったら沖縄っぽい飲み物を出す喫茶店とか売店はあるだろうし、最悪自動販売機はあるので生き返るぞ。やっほー、と自転車で激走したら、へ……。「老朽化で閉鎖中」※4の貼り紙が。まるで廃墟だぞ。自動販売機もなし。って、なんだこりゃ〜。

## 灯台の近くの御嶽《うたき》で豊年祭《プーリン》の儀式に遭遇渇欲も失せたのです

ぐるっと島を一周する予定は変更さ。空港から西へ真っすぐ走って集落に向かうことにした。喉が渇いて死にそうなんだもん。

はぁはぁ言いながら自転車を進めると、こんな内陸に**灯台**を発見。北海道人にとっては《灯台イコール海岸にあるもの》だけど、小さくて平べったい島では内陸にある方がひとつで全方向をカバーできるんだろうね。

**灯台**から少し西へ走ると、白装束を着た神司《かんつかさ》たちと遭遇した。**御嶽《うたき》**がある森の中へと入っていくところらしい。**波照間島**では新歴の5月から6月にかけてが**豊年祭《プーリン》**といって、神様に昨年の収穫のお礼を告げる儀式の期間に当たるんですよ。という話を昨日聞いたばかりだった。そうか、だから**観測タワー**も休みだったんだ。いいものを見たなぁ、喉の渇きなんて忘れるなぁと思っていたら、通りかかった関西のおばちゃん集団が「あの人たち、あんなところで何してるんだろ」「なんか採れるんじゃないの」などと言って立ち去った。

やれやれ。**波照間島**の旅は次号に続くのココロなのだぁ。

※4……波照間空港発着の唯一の路線だった石垣－波照間路線は2008年に廃止。第一航空の19人乗り小型機が2015年10月から1日2往復する予定（片道1万1000円程度）で現在調整中

d閉鎖して真っ暗な波照間空港。自動販売機もなかった　e空港の少し南側の道路。野良っぽい山羊が興味津々でこちらを見ていた　f灯台横の廃墟に母山羊と仔山羊2頭がいた。可愛い。ちょうど仔山羊の季節なのかな？

**氷処みんぴか**　竹富町波照間465　はてるまブルー400円、黒みつスペシャル500円、氷チャイ500円、穀物コーヒー300円ほか。オリジナルポストカード5枚500円など手作りみやげも各種　11:00～13:00／14:30～17:00（木曜定休）　☎なし

**仲底商店CAFE**　竹富町波照間85　島酒アイス350円、波照間産黒糖アイス350円、ココナッツアーモンドラテ380円ほか。店内は手作り雑貨のセレクトショップにもなっている（店内の撮影禁止）　11:00～17:00（不定休）　**☎0980・85・8130**

**波照間島星空観測タワー**　竹富町波照間3905（宿からの送迎は星空ツアーバス　☎080・8371・7700）　入館料400円　10:00～12:00／13:00～17:00／20:00～22:00（11月～3月は19:00～21:00／月曜、旧盆など休館日あり）　**☎0980・85・8112**

**青空食堂**　竹富町波照間1142　タコライス650円、てびち定食850円、フロート（アイスコーヒー＋さとうきび）550円、泡盛サンピン茶割400円、パッションジュース450円ほか　11:00～14:00／17:00～21:00（土曜定休）　※現在休業（閉店）中です

**居酒屋あがん**　竹富町波照間148　泡波ハイボール500円、シャコ貝刺身600円、島もずく酢300円、マンズ300円、スーチカあぶり600円、ポーク玉子500円、ふーチャプルー500円、魚マース煮800円ほか　18:00～23:30（不定休）　**☎0980・85・8088**

**民宿星空荘**　竹富町波照間85　洋3室、和7室（相部屋なし）。夕食18:00 朝食7:30 チェックアウト9:30　1泊2食／和室5000円（トイレ共同）、洋室6500円。独り旅も同料金（女性の独り旅大歓迎）。素泊まり不可。シャワー共同　**☎0980・85・8130**

**【初日（2010.06.08）】**

| | |
|---|---|
| 高速船代（波照間海運） | 片道**3050円** |
| 宿代（星空荘） | 2泊**1万3000円** |
| レンタサイクル（SUN輪舎） | 1日半**1500円** |
| 缶チューハイ（名石共同売店） | 2本**300円** |
| オリオンビールほか（名石共同売店） | **370円** |
| 星空観測タワー入館料 | **400円** |
| 手ぬぐい（星空観測タワー） | **400円** |
| タオル（星空観測タワー） | 2枚**800円** |
| 居酒屋代（あがん） | **2100円** |

**【2日目（2010.06.09）】**

| | |
|---|---|
| 沖縄バヤリースジュース（冨嘉売店） | 2本**300円** |
| 泡波ほか（冨嘉売店） | **4140円** |
| アーサーそば（花HANA食堂） | **800円** |
| ポストカード（noinoi） | 8枚**1200円** |
| 波照間手作りCD（名石共同売店） | **1000円** |
| 波照間民謡CDほか（仲底商店） | **2350円** |

**【3日目（2010.06.10）】**

| | |
|---|---|
| 平成22年夏葉書（波照間郵便局） | 10枚**500円** |
| ゆうパック代（波照間郵便局） | 120サイズ**1800円** |
| 昼食（青空食堂） | **850円** |
| 波照間黒糖ほか（仲底商店） | **4350円** |
| 高速船代（波照間海運） | 片道**3050円** |
| 合計 | **4万2260円** |

**SUN輪舎**　竹富町波照間2805　島内どこでも無料送迎。レンタサイクルは1時間250円、終日1000円（保険料込み）。オートバイは1時間800円、終日2500円（保険料、燃料代込み）。シュノーケルセット1日1500円　※2010年9月30日に閉店しました

**モンパの木**　竹富町波照間464-1　レターセットや夜光貝のペンダント、波照間Tシャツ、三線手ぬぐい、バンダナ、小銭入れなど自分たちでデザインしたオリジナル雑貨の専門店　11:30～13:00／15:30～17:30（不定休）　**☎0980・85・8354**

## 波照間島で立ち寄ったポイント

※赤文字は2014年11月末現在に修正したデータです

# やいまコラム③

【朝のニシ浜にて】

波照間島、三日目（最終日）の朝。最後に波照間ブルーを目に焼き付けたくてニシ浜へ行くと、同じ宿に泊まっていた独り旅のショートカットガール（西田尚美似）も朝のビーチに来ていた。

夕食も、朝食も、すぐ近くで食べていたのに、話しかける勇気がなかったので、彼女のことは何も知らない。

でも、まだ観光客の姿もまばらな朝のニシ浜で、手にカメラをぶら下げたまま、ちょっぴり寂しそうにしていたので、「写真、撮りますか?」と、思い切って話しかけてみると、「あ、来はってたんですか?」と関西弁でこたえた。

〈来はってたんですか?〉

可愛い～♥

断言しよう。北海道の男子は独り旅の女子が関西弁で可愛く返事をしたら、例外なくメロメロになる。

「じゃあ、せっかくだから脱ごうかな」

そう言って、Tシャツを脱いで水着姿になった彼女の脇腹に大きなアザがあった。それがまた色っぽかった。特別な秘密を見せてもらったようでドキドキした。

結局、それ以上の会話をすることもなく、彼女のカメラで何枚か写真を撮っただけで、二人は別れた。

もっと話したかったなぁ。はぁ～。おれのバカバカ。

「ニシ浜は恋の浜だよ」

名石共同売店の横に座って、昼間から酔っ払っていたおっちゃんの言葉を思い出したりなんかりして。

【夜の竹富島にて】

アザと言えば、竹富島の、とある飲食店の従業員も首に大きめのアザがあって、おいらをドキドキさせた。

小麦色の肌に白いTシャツという組み合わせもたまらなく魅力的だ。

結局、その店には何度も足を運んだけど、注文以外の会話はほとんどできなかった（店名の由来を聞いたぐらいさ）。

なので、彼女と親しげに話している男たち（地元の若者ではなくて、内地からのアルバイト）がうらやましかった。

一人の男が「夜、何してるの?」と、彼女に訊いた。

彼女が「何もすることがないから退屈よ。誰も誘ってくれなくて」と答えると、

「じゃあ、遊ぼうよ」

「うん。早番だったら8時であがれるから」

「え? いいの?」

「うん。いいよ」

だって。よくないよ。断れよぉ。とか言う権利、おいらにはないけどさ、なんだろ、この失恋した気分は。

というわけで、純情道産子男子たちは南の島で独りぼっちガールに出会っても恋をしないように気をつけなはれや、という話でした。

【ヤールー】

南の宿はヤールー（ヤモリ）だらけだ。北海道人には全く馴染みがない生き物なので、部屋の壁をヤールーが行ったり来たりして、おまけに大きな声で鳴いたりしたら、道産子旅人は例外なくぞっとするだろうね。

でも、人間って慣れるようにできているんだ。南の島にヤールーは付き物、セットメニューなんだと自己暗示をかけると、すぐに馴染んで、冷静に観察する余裕も出てくるんよ。

波照間島の星空荘の仲底美貴さん曰く「ヤモリもゴキブリも、なーんにも悪いことしないんですよ」。

北海道の山宿にカメ虫がもれなく付いてくるように、南の島の宿にはヤールーがいる。ただそれだけ。ポストが赤いのと同じことさ。

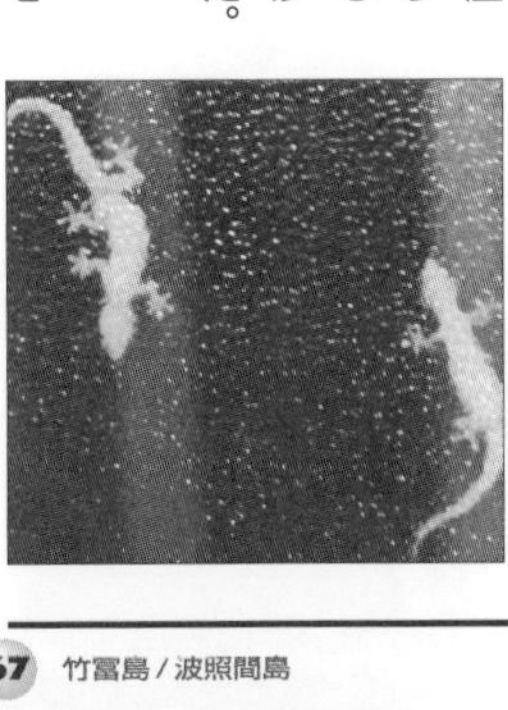

# 日本最南端の雑誌「月刊やいま」編集長の福里《ふくざと》淳《あつし》が北海道のみんなのために選んだ とっても個人的な八重山BEST10

## 1 きいやま商店 石垣島在住のエンタメユニット

●八重山のみならず、沖縄で知らない人はいないほど人気の、従兄弟・兄弟で結成されたエンタメユニット。ユニット名の**「きいやま商店」**は3人のおばあちゃんが営む店の名前。それぞれが別のバンドでボーカルも務め、作詞作曲もこなす。ジャンルは八重山民謡をアレンジした曲から、バラード、コミックソング、アッパーチューンまで。ステージで繰り広げられる爆笑トークはもちろん、レベルの高い演奏技術とライブパフォーマンスを是非生で体感してほしい。2010年から毎年開催している**「きいやま農園ライブ」**は年々規模が拡大。島を代表する音楽イベントになりつつある。石垣島を拠点にしながら全国各地でライブを行っているので、北海道にも行くかも？

メンバーとファンの目標は紅白歌合戦出場。

きいやま商店●左から、リョーサ（崎枝亮作、八重山モンキー）、だいちゃん（崎枝大樹、BEE！BANG！BOO！）、マスト（崎枝将人、ノーズウォーターズ）

## 2 パーラーあんぶれら 八重山そば、牛そばの隠れた名店♀

●観光客に人気の八重山そば屋はいくつかあるが、ここは地元の人が集まる知る人ぞ知るお店。タイヤショップ兼工場に併設されているので若干見つけにくいけど、昼食時は道路まで車が並ぶことも。

2014年で創業20年目。わたし自身中学生の頃に初めて食べて以来、ここの**八重山そば**が大のお気に入りだ。直営牧場で育てられた黒毛和牛を使った**牛そば**は、安い上にボリュームたっぷり。金曜日はそばメニューが全品50円引きになるので、その日は常にお客さんでごった返している。もちろん、**チャンプルー料理**などの定番メニューも豊富で、どの料理も味にハズレがない。その上、夜は焼肉屋になるなど謎の雰囲気も……。まさに隠れた名店です。

パーラーあんぶれら●石垣市字平得120-11（オリックスレンタカー石垣店の近くの信号を石垣市総合体育館方向に折れたら左手）●営業時間／11:30～15:00、18:00～22:00（日曜定休）☎090-7457-9587

福里　淳（ふくざとあつし）●1983年、石垣島生まれ。日本最南端の出版社、南山舎が発行する純八重山情報誌「月刊やいま」（1992年創刊）編集長。ボードに立ってパドルで漕ぐSUPをはじめアウトドアと音楽にはまっている

## 3 mahina mele 島だからこそ使い倒せるアイテムが充実

●八重山には高級なブランド物は似合わないと個人的に思っているけど、この店のブランド物はまさに島で生活する人にピッタリのものばかり。トラックの幌を使ったバッグで知られる**フライターグ**や**パタゴニア**のウエアなど、

そのセレクトセンスは抜群だ。オリジナルのＴシャツやバッグは使い込むほど味が出る。石垣島をモチーフにしたデザインはおみやげにもいいかも。アウトドアレジャーが好きな人は絶対にのぞいて♀

mahina mele（マヒナメレ）●石垣市登野城9-2（石垣税務署の近く）●営業時間／11:00～19:30（火曜定休）☎0980-87-7098

## 4 石垣島トライアスロン

●コースはスイム1.5㎞、バイク40㎞、ラン10㎞の合計51.5㎞のスタンダード・ディスタンスで、ビギナーでも挑戦しやすい。わたし自身毎年出場していますが、スイムでは透き通った海を泳ぎ、バイクでは石垣島の自然の中を、ランでは市街地をおじいおばぁの声援を受けながら走ることができるので気持ちいいよ♀

**石垣島トライアスロン大会ウェブサイト**●http://ishigakijima-triathlon.jp/●2014年は開催休止。2015年から再開予定

## 5 酒肴屋迷亭 ディープな居酒屋

●島の素材をふんだんに使った創作料理居酒屋。今でこそ石垣島の繁華街といえば**美崎町**だが、その昔、夜の町といえば**18番街**だった。この店がある**18番街**は今でも島のディープゾーンとして隠れた名店が点在していて、中でも特に**迷亭**はおすすめ♀島食材を独自にアレンジした料理はここでしか味わえないものばかり。

**酒肴屋迷亭（めいてい）**●石垣市石垣6-2（かみやーき小の通り）山田アパート1Ｆ●営業時間18:00～24:00（日曜定休）☎0980-87-0880

## 6 名蔵湾の海の中 陸とは別世界

●初めてダイビングをした時、陸上とは別の世界が存在していることに興奮した。八重山の海にはたくさんの生物が暮らしている。特に**名蔵湾**は石垣島に生息するほとんどの海の生物を見ることができるので、旅行者は陸上だけでなく、海の中の観光もするべきだと個人的に思っている。

**名蔵（なぐら）湾**●石垣島の南西部に位置する島で最大の湾。湾奥のマングローブ林を含む周辺干潟一帯は名蔵アンパルと呼ばれる動物の宝庫だ。ラムサール条約で保護されている

## 7 さしみ屋の天ぷら 島酒を天ぷらで♀

●八重山では**魚屋**のことを**「さしみ屋」**と言い、**天ぷら**といえば**さしみ屋**で揚げた魚やイカの天ぷらのことをさす。**さしみ屋**は島内のいたるところにあって「天ぷらを300円分ください」などといえば、取り分けてくれる。上級者は揚げたてのタイミングを狙って買いに行く。

**さしみ屋**●ほとんどの八重山のさしみ屋は海人（島の漁師）の奥さんが営んでいるので、「えいこ鮮魚店」や「よしみ鮮魚店」など自分の名前をそのまま店名にしているところが多い♪

## 8 西表島のジャングル

●スマートフォンが普及し、八重山でも高速インターネットがつながるようになった中、**西表島のジャングル**には電波すら届かない場所がたくさんある。そんな一切の電波から遮断された場所で、ありのままの自然を満喫できるのも八重山ならではだ。（森に入る時は必ずガイド付きでね）

**西表島（いりおもてじま）**●島の90％以上が亜熱帯のジャングルに覆われていて、イリオモテヤマネコやカンムリワシ、セマルハコガメなどの希少な天然記念物が多く生息している

## 9 BarCOCOSONE 音楽と酒と人

●50年代から70年代のジャマイカ音楽、ソウル、ブルースなどがアナログ音源で流れるバー。コーヒーを泡盛に漬けたオリジナルの**コーヒー泡ラム**が美味しすぎて、記憶をなくしたこと数知れず……。赤瓦屋根に黄色の壁、小さな入口の不思議議な空間に、毎夜島人や旅人などいろいろな人たちが集まってくる。

**バーココソン**●石垣市大川283（大川西交差点近く。沖銀八重山支店斜め向かい）●営業時間／21:00～翌3:00（不定休）☎0980-88-8721

## 10 与那国島の断崖絶壁

●**与那国島**は断崖に囲まれた島で、天候が不安定な上、海上も時化やすく、昔は島に渡るのが難しかったため方言で「渡難（ドナン）」と呼ばれている。断崖絶壁の先に続く、濃く青い海が果てしなく広がる景色は他の島では見ることができない、まさしく絶景。船上から見る断崖絶壁は絶海の孤島のようで迫力満点だ。

**与那国島**●日本最西端の島。台湾まで111㎞と近く、天気がいい日は台湾の山並みが見える。未だ謎の海底遺跡も見どころのひとつだ

八重山出身若女将インタビューその2●湯宿だいいち／長谷川志乃さん

# 八重山には行かないのです!?

養老牛温泉の湯宿だいいちの若女将、志乃ちゃんは石垣島出身（消防署の近くの「かみやーき小《ぐゎ》かまぼこ店」の親戚だよ）なので、石垣島の島民性についていろいろ教えてもらおう、という企画の二回目なんだけど、志乃ちゃんがなかなか起きてこないので😄、まずは湯宿だいいちの長谷川松美社長とあざらしの世間話から始まるのでした。

🐾

**長谷川松美社長（以下社長）** 久しぶりにみんなで石垣島に行ってくるんですよ。
**あざらし（以下あ）** みんなって、家族で？
**社長** いや、家族と従業員で。総勢25人になるので、二班に分けて行くんだけど、あざらしさんも一緒に行かないかい？
**あ** いや、遠慮しときます（汗）。ちなみに予算は？　一人10万円としても250万円の計算になりますよ？
**社長** うん。でもね、春の社員旅行は半分ぐらいはみんなの積み立てを遣うんですよ。秋の社員旅行は全額会社持ちだけどね。
**あ** え。社員旅行を年二回するんですか？
**社長** 昔は年四回だったんですよ。
**あ** 年四回は多すぎるでしょ（笑）。
**社長** 勉強のために旅行しなさいって言っても、みんな、なかなか行かないからね。
**あ** そうか。福利厚生だけじゃなくて社員教育も兼ねてるんですね。
**社長** あざらしさんも一緒に行こうよ♥
**あ** 行きたいけど、本当に遠慮しときます。ただでさえ遅れている「いい旅」が永遠に出なくなっちゃうんで……。

🐾

ここで昼寝から起きた志乃ちゃん登場？
**あ** 石垣島の人って、八重山の離島にどのぐらいの頻度で行くものなの？
**志乃ちゃん（以下志乃）** 実は北海道に来るまでは一度も行ったことがないですよ。
**あ** ええっ？　だって、竹富島なんて船で10分で行けちゃうでしょ？
**志乃** あ、思い出した。竹富島は中学生の時に学校の行事で行きました。なんの行事かは忘れちゃいましたけど（笑）。

**あ** 行ったことさえ忘れてるって……。
**志乃** あと、高校の時も一回、竹富島に行きました。なんかの行事で……（笑）。
**あ** なんかの行事って……（笑）。つまり、学校のなんかの行事で行かなかったら、八重山の離島には行かなかったってことだ。
**志乃** 親戚でもいない限り行きませんよ。
**あ** 確かに、北海道民も、奥尻島も礼文島も利尻島も天売島も焼尻島も一度も行ったことがないって人、結構いるからなあ。
**志乃** でしょう。
**あ** そもそも、石垣島時代は竹富島以外の離島には行ってないってことだよね？
**志乃** 竹富島以外の島は北海道に来てから初めて行きました。社長が行きたがったの

※取材日＆撮影日：2013年3月4日（新石垣空港開港の3日前）

で、どちらかというと仕方なく……(笑)。

**あ** 実際に離島に行ってみての感想は?

**志乃** よかったです♥

**あ** 食わず嫌いみたいなもんだったんだね。

**志乃** たぶん、一回石垣島を離れたから素直に感動できたんだと思います。

**あ** 感動しちゃったんだ。

**志乃** ずっと石垣島に残っていたら、あんなに感動しなかったんじゃないかなぁ。そもそも波照間島に行こうと思わなかっただろうし。だって、島にいる時は海にさえ行こうと思わなかったんですよ。

**あ** え、どーして?

**志乃** 日焼けするのもイヤだったし、わざわざ海に行く気にはならなかったですねぇ。

**あ** 実際に廻って、どの島が一番好き?

**志乃** 黒島かな。

**あ** 渋いねぇ(笑)。牛祭りとか見たいよね。

**志乃** 行ってみたいです♥

**あ** ぶっちゃけ、牛祭りしかないみたいな。

**志乃** でも、黒島は海がきれいなので、それだけで素敵です。何もないことが、むしろいいなぁと思います。

**あ** おれは黒島ならあーちゃん食堂だなぁ。

**志乃** わたしは黒島だったら、弁当持って行くんで(笑)。で、ず～っと海を眺めたり、潜ったりするんです。

**あ** 黒島から西表島に行くと人と車が多くて、都会に見えるでしょ(笑)。

**志乃** 西表島はもう一度行きたいと思わないです。バスの多さにビックリしました。

**あ** その点、波照間島はのんきでいいね。

**志乃** わたしも波照間島はよかったです。

**あ** ニシ浜はきれいだしね。

**志乃** よかったですぅ♥ 楽しかった。

**あ** 共同売店の横に昼間から酔っぱらってるおじさんいなかった?

**志乃** いました♀。座ってますよね(笑)。

**あ** いるよね、昼から酔ってるおじちゃん。

**志乃** 石垣島にいた時はああいう酔っ払いは見るだけで嫌でした……。

**あ** 怠け者だから?

**志乃** 沖縄の男の人はホント働かないんですよ(笑)。

**あ** 確かに、おばぁが頑張ってる店が多い。

**志乃** 島の人とは絶対結婚したくないって思ってました。

**あ** でも、告白されたりしたんでしょ?

**志乃** いましたよ、お付き合いした人は♥

**あ** いたんだ。そうかぁ……。ところで、3月7日に新石垣空港が開港(した)するけど、白保の方にはよく行ったりした?

**志乃** はい。初日の出を見に行くのは決まって白保でした。

**あ** 初日の出。そっか、東側だから。

**志乃** 頑張って行くんです、自転車で(笑)。白保は学生の溜まり場だったんです。

**あ** 暗いうちからみんなで集まるんだ。

**志乃** 正月の交流の場でした(笑)。

**あ** 初日の出以外で白保には?

**志乃** 行かないです。遠いので。

**あ** 川平の方はどう?

**志乃** 川平も頑張って自転車で行きました。

**あ** えーっ。チャリだと遠いでしょ♀。というか、川平には何しに行ったの?

**志乃** 泳ぎに(笑)。

**あ** さっき、海には行かなかったって(笑)。

**志乃** 違うんです。川平湾は特別なんです。昔はもっときれいだったんですよ。石垣の海の中で川平湾だけが好きだったんです♀。

**あ** おれは川平湾で何度かダイビングしてるけど、潜ったりはしなかったの?

**志乃** 川平湾は元々、遊泳禁止だったので。

**あ** でも泳いだんだね?

**志乃** 泳ぎました……ね(笑)。

というところでさらに次号に続くのだ。

# 焼きものに恋して

## ①石垣島の小物入れ

美味しいワインを口にしたら、葡萄畑に足を運んで栽培している農家の話を聞きたくなるように、素敵な焼きものに出会ったら、陶房を訪ねて職人さんの顔を見たくなるものだ。

於茂登窯の焼きものに最初に出会ったのは石垣島の「楽種工房」だったかな。重みがある器に、犬なんだか鳥なんだかわからない（ひょっとしてナマコ?）不思議なゆる〜い絵が無色彩で描かれていた。値段も手頃だったので普段使い用に茶碗を購入。その後も「ギフトショップうくる」などで於茂登窯の焼きものを見かける度に見れば見るほど謎めいた生物たちにひかれていき、昨年（2013年）、ついに、於茂登岳の麓にある陶房を訪ねてしまったのです。

最初に出迎えてくれたのは当時生後7カ月のハナちゃんだ。避妊手術をした直後、ということでシャンプーハットみたいなのをつけて走ってきた。放し飼いの雑種犬が出迎えてくれるなんて、うれしくなっちゃうじゃないか。

続いて、真っ黒に日焼けしたヒロセヒロコさんが出迎えてくれた。昭和44年、長崎県生まれ。同じ石垣島の南東焼きで3年間修行した後、和歌山県で焼き締めを学び、2007年、於茂登岳の麓に移住、開窯している。樹木や野草に囲まれた陶房の裏には灯油窯のほ

上段左から――右頁写真と違う角度から見た小物入れ(高さ10cm)。箱の中にも絵がある。謎の生物が描かれたマグカップ。穴窯用に近所から集めた薪。於茂登窯窯主のヒロセヒロコさんと愛犬ハナ(2歳)。窯出ししたばかりのシュガーポット風小物入れたち。陶房の前で見送ってくれるヒロコさんとハナ。一人だと窯焚きが大変ということで最近は火が入れられていない穴窯。陶房兼自宅に併設されたギャラリーでパインをごちそうになった♪

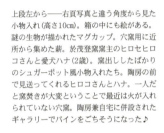

かに大きな穴窯が鎮座していて、大量の薪も積まれていた。土は石垣島のアチコチの土だけを独自にブレンドして使っている。ゆるい絵にだまされそうになるけど、すべてが本格派だね。

パイナップルをいただきながら話を聞くと、絵を描くのも好きだけど、一方で、絵付けを必要としない焼き締めを極めたいという気持ちも強く、「本当は焼き締めをメインでやっていけたらいいなって……」と、つぶやいた時は聞こえないふりをした。こんなに絵心も独自の世界観もあるのに、それはもったいないと思ったんだ。

陶房に併設しているギャラリーを眺めていたら、なんとも不思議な物体が目に入った。茶碗を逆さまにして、底の部分に取っ手を付けたような物体だ。手に取ると、チリンと鳴った。ベルだ。

「風鈴を作ろうとしたんですけど、ベルになっちゃったんです(笑)」

いつかカフェをやる時のために購入。あと一点。30センチ四方のレリーフも発見。焼いた時にヒビが入ったので売れないと断られたけど、どうしても欲しいと熱烈に迫ったら譲ってくれたので、大きな魚が暮らす小さくて平和な島の絵(たぶん)が描かれたひび割れたレリーフを石垣島から札幌の西野まで、大切に抱いて帰ったのでした。

石垣島の白保にあるギャラリーでも放し飼いの犬たちが出迎えてくれた。これが沖縄本島と八重山の違いなのね

ついさっきまで木登りしていた山羊くんたち。高いところにおいしいものがあるらしい。山羊はたくましいのだ

三線シーサーの陶房の写真がないので…白保の紗夢紗羅の中。アダンの円座の上で三本足の猫がくつろいでいた

心配性のおいらは宅配便で送ったり手荷物に預けたりせず、機内持ち込みで膝に乗せて大切に持ち帰ったのです

山羊って木登りするんだ……。

石垣島の西海岸を川平に向かって走っていたら、木登り山羊を発見した。

車を停めて、カメラ片手に近づいて行くと、残念。山羊は木から降りてしまったけど、おっ。近所の家の開け放たれた窓からこぼれているんだろうね。テレビの高校野球中継が聴こえてきた。

その日、というのは2006年3月28日のことなんだけど、石垣島は静かだった。気のせいじゃない。人がいないんだ。ほとんどの店は臨時休業さ。みんな甲子園に応援に行っているから。

そう、八重山商工が離島勢として初めて実力で甲子園に出場した時だったんよ。しかも、二戦目。エースの大嶺祐太くんが高岡商から17三振を奪って初戦を快勝した後の横浜戦の真っ最中だぜ。島を歩いている人は大袈裟じゃなくて一人もいなかった。この一時間で見かけた哺乳類は木登り山羊二頭と熱烈歓迎してくれた黒犬三匹だけさ。

そりゃそうだよなぁ。一人しか道産子がいないチームでも道民はあんなに熱狂するんだもの。全員地元島民のチームの初甲子園。応援するに決まってるよなぁ。おいらもテレビ観たいなぁ。島の人と興奮を分かち合いたいなぁ。と、思いつつ、黒犬と戯れていると、ふと、小さな看板が目に入った。窯元

# 焼きものに恋して

## ②石垣島の三線シーサー

左が窯元で買った三線シーサー。右のバカボンみたいなシーサーは名護の陶房で作ったあざらし作の駄作なのだ

の看板だ。いい環境にある窯元の作品はおおむねいい。という信念に基づいてふらりと入ると、入ってすぐがギャラリーになっていて、焼きもの（ウチナーグチだとヤチムン）が並んでいた。

釉薬を全く塗っていない素焼きの焼きものだ。おれの好みだぜ。中でも三線を弾いているシーサーに目がいった。粗削りで木訥としているけど、味がある。本当に唄っているようだ。とても気持ちよさそうに。渋い初老のベテラン陶工が作っているのだろうと思いながら、すいません、これください、と声をかけると、中から出てきたのは予想に反して美しい女性だった。

「買うんですか？」と、ちょっと驚いたように言うので、はい、と答えて、野球どうなっていますか？　気になって……と続けると、「テレビ観ていきますか？」と、これまた意外な展開。

木登り山羊が縁で偶然見つけた窯元の居間にお邪魔して、一緒に興奮しながら高校野球観戦。素敵な体験でしょ。

でも、ああ、ごめんなさい。窯元の名前も作家さんの名前も何も記録しなかったのですよ。おいらのばかばか。

この後、ダイビングをするために川平のリゾートホテルに行ったら、ホテルのスタッフは誰も高校野球を観てなかったさ。なんだかがっかり……。

※この暖房が天竺だということは、この5年後に判明するのでした

## 屋久島には鹿児島港から高速船トッピーで約2時間なのです

風邪をひいていた。熱は39・5度ぐらい。ふらふらさ。なので旅の初日は運転したり撮影したりで精一杯。感想的なものが全く残っていないのだよ。

そんなわけで2009年6月5日午前11時半ごろ、鹿児島空港に到着。空港から鹿児島港までの約50分間、何に乗って移動したのか全く覚えてないけど😄、茶畑ばかりだなぁ、そうか、鹿児島ってお茶の産地なんだ、知らなかったなぁ、などと思いながら高速道路を走った記憶はうっすらある。北海道人にとって茶畑は不思議な光景だからね。

屋久島行きの高速船トッピー乗り場に着いたのが、多分12時45分ぐらい。13時10分の船に乗るので、適当に近くの回転寿司に飛び込んで、大急ぎで昼食を済ませたのは覚えている。というのは貝類とか、北海道にはないメニューがあったからなんだ。北海道人が山陽、四国、九州に行ったら、最低一食は寿司屋（回転寿司含む）で済ませるといい。知らないメニューがあるよ。

屋久島（宮之浦港）行きの高速船トッピーは運賃[※1]が高いだけあって、オール指定席で、乗り心地はよかった♪と思う。屋久島までの約二時間、爆睡していたもんね。風邪薬のせいかな。

低い雲に覆われた屋久島に到着したのは14時55分。高速道路や峠を走るわけじゃないので軽自動車のレンタカーを借りて、エゾエースをグビッと飲んだら、三泊四日屋久島旅のスタートだ。

## 縄文杉を見に行くならガイドが必要という情報は大嘘だったのです

屋久島を旅するに当たって、慎重派のおいら、硬軟取り混ぜてガイド本を大量に買ったんよ。読むと「縄文杉に行くならガイド付きで○。」と書かれているの

※1……鹿児島－屋久島間の運賃は当時（2009年）は特別料金で往復9000円だった。2014年12月1日現在、片道9100円、往復1万6700円に大幅に値上げしている

c

b

a

a落差60mの千尋の滝。周辺の花崗岩の巨大な一枚岩にも興奮してしまう　bキャノッピ代表の中田隆昭さん
cキャノッピの自然体験メニュー。なかなかセンスがよい　dターザン気分を味わえちゃうキャノピーロープ

で、ネットで調べると、縄文杉ツアーってごっそりあるでないの。どこがいいかわからないぞ。

迷ったら地元の人に訊くのが一番ってんで、鹿児島で**南方新社**という出版社を経営する向原祥隆に「屋久島で一番信用できる自然ガイドを教えてよ」とお願いしたところ紹介してくれたのが中田隆昭だ(全員敬称略ね)。

早速連絡すると、なるほど、この人は信用できるなと思った。理由は三つある。第一にNPOじゃなくて有限会社だってこと。第二に古株なこと（昆虫の研究で1990年から屋久島に通って、1995年にはエコツアー会社を立ち上げている）。そして決定的だったのが「縄文杉を見るのに**ガイドなんか要らない**よ。自分のペースで歩いて、自分なりに楽しむのが一番なので、ぼくは縄文杉ツアーはしません。実際、もう7年ぐらい行ってないんですよ」という一言だ。屋久島に行く旅人の100%が行きたがる縄文杉ツアーを、つまり確実に儲かるツアーを敢えてしないなんてカッコイイでないの。

## 中田隆昭のおかげで今回の屋久島旅が楽しくなったのです

結局、おいら、三泊分の宿も、三日目に遊ぶシーカヤックのガイドも、すべて中田隆昭に紹介してもらうことにした。情報代は北海道の酒とか食品ね。結果、この作戦は大正解だったさ♪

レンタカーでまず向かったのは島の南東部にある**千尋《せんぴろ》の滝**だ。

駐車場に着いたのは夕方4時過ぎ。2分ほど歩くと、おおっ。V字状になった花崗岩《かこうがん》の渓谷と滝が見えたぞ。屋久島は週に八日雨が降る島だけあって、水が豊富で滝だらけなんだけど、こんな遠くから見ても迫力ゼロさ。

滝よりも**タンカン生ジュース**（250円）に感動しつつ、いかがわしい露天商を横目で見つつ、滞在時間10分で**千尋の滝**をあとにしたのでした。

少し戻って、夕方の4時40分。中田隆昭の**梢回廊キャノッピ**に到着～。

早速、3月に完成したばかりの**キャノピーウォーク**（樹冠を歩く高さ2m～9mの空中回廊）と**キャノピーロープ**（木と木の間に張られたワイヤーを高低差で移動するアクティビティ）で遊ばせてもらった。

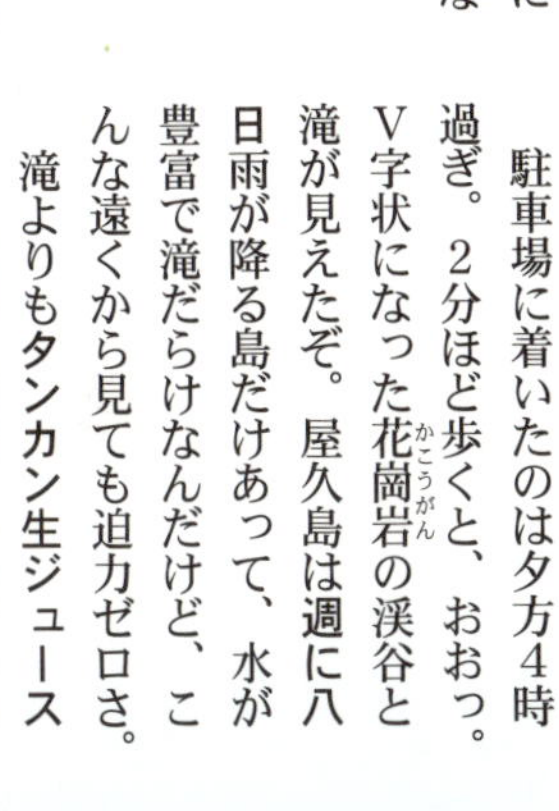

なんでも、先月、藤原紀香がテレビ番組のロケで訪れて、キャノピーを体験したらしく、「藤原紀香がした手袋なんですよ」とうれしそうに自慢するから、その手袋に手を入れちゃった😊。

## 屋久島には非循環、非塩素の「正しい温泉」が四湯もあるのです

屋久島は温泉の島だ。

ガイドブック的には六湯あるけど、大浦の湯は源泉が涸れたし、JRホテル屋久島は循環して塩素も入れているのでNG。平内海中温泉、湯泊温泉、尾之間温泉、楠川温泉の四湯が非循環、非塩素の「正しい温泉」だ。

チェックイン前に一湯入ろうと思い、まずは島の南海岸にある湯泊温泉へと向かう。到着したのは夕方6時半だ。木箱に環境整備協力金100円を入れて歩いて行くと、おおっ。いきなり、素敵な光景。真ん中で男女別に仕切られた露天風呂が海岸にぽつんとあって、あぐらをかいた地元湯泊区のおっちゃんが湯舟から汲んだ湯で髪や体を洗っているんよ。環境問題に目くじら立てないおおらかさがいいねぇ。観光地にありながら水着禁止を貫いているのも温泉への礼節をわきまえているぞ。圧力に屈しないで頑張ってほしい。

地元のおっちゃんたちに交じって入ると、ぬるい😞。源泉温度は37度か。ぬるいはずだよ。

前は男女別の仕切りがなくて混浴だったと教えてくれたハゲ頭のおっちゃんが「夜、星空の下で入るのも気持ちいいぞー」と笑いながら海岸に歩いて行くと、タオルで体を拭き始めた。

湯舟は仕切られているけど、それ以外は丸見えなので、女湯から「見えてますよー」という笑い声。外国人の青年が二人来て、意味もわからずにつられて笑った。いい温泉だなぁ。

## こころ家の弘子女将は地元出身だけあって話がとても素敵なのです

30分ほど湯浴みを悦しんだので、尾之間のこころ家（キャノ

# 北海道人のための南の島ガイド
## 屋久島

ッピの中田隆昭に紹介してもらった客室数二室の民宿）に到着したのは夜7時10分ごろ。その7分後には夕食を食べ始めたんだけど、これが旨かったんだ。

カンパチのカマ焼き。パパイヤ入り茶碗蒸し（北海道人には初体験の味☺）。ゴーヤの煮浸し。ニンジンの天麩羅。黒紫米などなど。その全部が美味しかった。この時点で熱が40度あったので、本当は食欲なんてないはずなのに、少量ずつながらも美味しくいただけたのはすべて女将の手作りだからだろうね。

しかも器がいい。特に飯茶碗。手に持った時の重さがしっくりくるんよ。思わず、どこの焼き物か尋ねると、地元屋久島にある**阿多良窯**（**現埴生窯**）の焼き物とのこと。ちゃんと**登り窯**で焼いているという話から焼き物談義で盛り上がってしまったさ。

そういえば「**モッチョム岳**はなんで**モッチョム岳**なの?」とキャノッピで質問したら、こころ家の女将に訊くと教えてくれると言われたので訊いてみると、元々は**本富岳**《もとみだけ》だったそうな。地元の**神山小学校**の校歌では「本富岳の～♪」と歌われている。けど、いつのまにか**モッチョム岳**という訛言葉が一般化したらしい。

北海道民の99%はトビウオを見たことがない、という話題になった時、「ちょうど今頃の季節（6月上旬）は高速船トッピーからも見えますよ」だって☺。

船と併走するそうな。ああっ。やっちゃった。風邪薬のせいで爆睡しちゃった。トビウオ見たかったなぁ。帰りは見ようっと。

ちなみに、こころ家では食膳にトビウオは並ばない。理由は「父親が網元をしていた頃はこの辺でもトビウオが漁れて、さばいたり乾かしたりする奥さんたちが大変だったんですけど、今は漁れなくなったので」。

そういえば湯泊温泉にいたおっちゃんも「昔は湯泊でもトビウオが漁れた」って言ってたぞ。地産地消の地は屋久島全体じゃなくて各集落ごとなんだね。

そうか。北海道でも、小樽の宿で花咲ガニを出すのは間違ってるのと同じ感覚か。納得。

ノリピーのサイン。昼食だけの予定が、気に入ったため、宿泊中の宿を引き払って泊まりに来たそうな

## 尾之間《おねだ》温泉は湯舟の底から自然湧出している「正しい温泉」なのです

夜8時半過ぎ。宿の近くにある**尾之間温泉**に行くと地元の浴客でわいわいにぎわっていた。

三角屋根のログハウスの前のベンチには湯上がりのおっちゃんと猫が一匹。いい風情だなぁ。熱めの湯殿もたまらなくいい。熱めの四角い湯舟がひとつあるだけだ。砂利敷きの湯底からは**49度**の源泉がポコポコと**自然湧出**している。やられた。屋久島で最高の温泉に出会ってしまったよ。

**a** 湯泊温泉の入り口にはいい感じの居酒屋があったけど入りそびれてしまった　**b** こころ家の夕食。味もいいし器も素敵だ　**c** 尾之間温泉の男湯。女湯との仕切り壁に書かれた尾之間音頭にはオネダとルビがふってある

# 高熱でふらふらだけど縄文杉に会いたくて山の中を歩いたのです

6月の南の島にいるというのに、※2寒くて、どーしようもないので、毛布を一枚多くもらって、長袖を重ね着して、靴下を履いたんだけど、それでも寒くてガタガタ震えて眠ったのです。

朝方になったら汗をかいては着替えるという作業を何度か繰り返したし、一晩中咳も止まらなかったので、翌朝のおいら、熱がある上に完璧な睡眠不足さ。

そんな、唾を飲んでも喉が痛いほどの体調でも、屋久島での二日目は予定通り**縄文杉**を見に

行くことにしたのは、はるばる北海道から屋久島まで来て、縄文杉を見ないで帰ったら一生後悔すると思ったからだ。**縄文杉**パワーで風邪が治るかも◯。という自然信仰も少々あったしね♪(実際、体調が良くなったのだよ)

聞くと、**縄文杉**に行く人は例外なく朝4時に起きて出発するとのこと。屋久島の民宿の女将はそれより前に起きておにぎりを作るんだって。大変だなぁ。

確かに、どのガイドブックを見ても、**縄文杉**までは往復9時間か10時間、と書いてあるので、朝5時半着のバスに乗ろうと思ったら4時起きになるんだろうけど、ガイドブックに書かれている時間は信用していないので、

5時40分にぐったり起きると、6時に朝食を食べて風邪薬を飲み、7時に宿を出発。車を駐めるのにすったもんだしたので、歩き始めたのは皆さんより2時間半遅れの8時ちょうどだったのです。

# マークとトレイシーはトロッコでどこにたどり着いたのだろう

荒川登山口からトロッコ軌道に沿って平坦な道を歩き始めると、おおっ。トロッコが走ってきたぞ。まだ現役だったんだね。

どのトロッコの作業員も、山仕事の寡黙な男を不機嫌に演じているけど、それは不正解だ。島の経済は観光で支えられているという自覚が抜け落ちている。

ニッコリ笑うだけで島の印象がどれほどよくなることだろう。

ところで、「小さな恋のメロディ」のマークレスターとトレイ

※2……屋久島の6月の平均気温は最高が26.8度、最低が20.7度。深夜でも札幌の6月の日中の気温（平均最高21.5度）とほとんど変わらない

**a** トロッコのレールに沿って、手掘りした岩のトンネルを抜けていった　**b** 苔を間近で見るとこんな感じ。見れば見るほど可愛く思えてくるぞ　**c** トロッコのレールの間が歩きやすい木道になっていた

シーハイドはトロッコで一体どこにたどり着いたのだろう。ちなみに、おいらはあの映画ではオーンショー役のJW《ジャックワイルド》が好きだ。

## 山は寒いという情報にだまされちゃダメさ北海道人には暑いのです

大声でしゃべりながら歩く関西弁のガイド&おおげさな荷物を背負った老夫婦を抜かして、小谷杉の集落跡に着いたのは8時45分。やばい。完全に9時間ペースだ。風邪でふらふらしているけど、少しシャキシャキ歩かなくては。先に出発した人たちにどんどん追いついていく。

それにしても、みんな厚着だなぁ。島の人は口を揃えて「山は寒いよ」と言うけど、それは地元の感覚であって、北海道人には当てはまらない。北海道から来たら屋久島は確実に暑い。

おいらも真に受けて、長袖の上にTシャツを着て、さらに登山用のパーカーを着て歩き始めたけど、暑くてかなわないので、一枚脱ぎ、二枚脱ぎして、今はTシャツ一枚さ。でも、全然寒くないもんね。むしろ汗ばんでいるぐらいだ。速乾性の下着を着て、背中にタオルを入れているおかげでサラサラで快適なり。

## 森の中でヤクシカやヤクザルに遭遇すると風邪が悪化する!?

ヤクザルがのそっのそっと歩いていた

屋久島が「雨の島」だと実感するのは苔《こけ》の多さに気づいた時だろうね。トロッコのレールの脇もすべて苔むしている。苔好きにはたまらない風景の連続だ。

朝9時。一時間ほど歩いたところで、ヤクシカの仔鹿二頭と遭遇した。実は昨日、屋久島に着いて早々にキャノッピの近くでヤクシカとヤクザルに遭ったんだけど、その時は撮影できなかったので仔鹿を撮りまくる。

d 苔むした倒木　e 木道と比べるとトロッコのレールが歪んでいた　f ヤクシカの子供と遭遇。生態系維持の面からヤクシカ猟は禁止されているけど、農家などから捕獲依頼書が区長を通して提出された場合は捕獲している

うっ。歩いている時と違って、撮影のために立ち止まったら、Tシャツが濡れているのが気持ち悪いぞ。人懐っこい仔鹿をもっと撮りたかったけど、風邪を悪化させる前に歩き始めた。

使用不可のトイレを過ぎた辺りから苔がどんどんよくなってきた。んだけど、ストックで歩いている連中がほじくった跡があるぞ。木の根も傷つけているし、ストック禁止にしてほしい。

おっ。わかりやすい**倒木更新**がいっぱいあるな、と思ったら、若い自然ガイドがマダム相手に得意げに説明していた😁。誰だっけ？　安達祐実と結婚してた「甘〜い」って言う芸人とよく似たガイド。あんなのと一緒に歩いてたら地獄だったろうなぁ。

## 縄文杉まであと170分という看板があるけどそれってどうなんだろ？

屋久島は水の島だけど、石の島でもあることに気づいた。隆起して転げ落ちてきた巨大な石が仲間たちと一緒にゴロゴロしていてにぎやかだ。火山の噴石のように孤独じゃないんだね。

大きいのは石だけじゃないぞ。特に名前のないような木の幹の太さもすごいことになっているし、伐採跡の切り株の大きさも半端じゃない。**縄文杉**に近づくにつれて、自然のスケールがどんどんでかくなってきたようだ。

一方で、小さな自然のパワーに目をやる余裕も出てきた。

苔がやばいんだ。可愛すぎるんよ。大きな倒木の陰でひと休みしていたら、目の前の苔がマクロで視界に入ったんだけど、個性豊かな苔たちが可愛いのなんのって。巨大な倒木に可愛い苔が生えている様はサバンナで巨大なサイの歯を小鳥が掃除しているようで微笑ましかった。

と同時に、人間が伐採した切り株の醜ささえも、苔が覆い隠すことで優しい自然の風景に変えていることに感動したのさ。

苔が覆うと、死んだ木も生き

**a**小さく見えるけど巨大な石がゴロゴロしている　**b**人と比べると自然の大きさがよくわかるでしょ　**c**発見者のウィルソンが雨宿りをしただけあって、立ったまま人が入れるウィルソン株　**d**森全体が緑色で美しいのです

# 北海道人のための南の島ガイド
## 屋久島

て見えるから不思議だ。もし苔が覆っていなかったら、きっと痛々しい風景なんだろうなぁ。

死んでる木だけじゃないぞ。生きている木の根元も一面の苔に覆われている。苔は生きている木も死んだ木も平等に覆っては森を緑に染めているんだね。

小さな苔が、大きな森の風景を変える力を持っているってことかぁ。すごいぞ、苔。

おっ。**高塚小屋**という看板を発見。ということは**縄文杉**は目と鼻の先だ。ん、人がいっぱいいるぞ。と思ったら、**縄文杉**に到着してしまった。いぇーい。

**縄文杉**到着は11時30分。出発地点の**荒川登山口**を朝8時ジャストに歩き始めたので、3時間半かぁ。途中、立ち止まっては写真を撮影したので、取材ナシだったら風邪でふらふらでも3時間かからなかっただろうね。

朝早く歩き始めた人たちとだいたい同時刻に到着したので**縄文杉**付近は混雑していた。やだなぁ。

ふーん。**縄文杉**は少し離れたステージから見るだけなのかぁ。

根元に立ったり幹に抱きついたりして、自分の大きさと比較することができないので、胸高周囲16・4mという太さや、樹高25・3mという迫力を実感することはできないんだね。

おまけに、そこいらじゅうにいる自然ガイドたちが、**縄文杉**は樹齢7200年と言われてきたけど、実際は樹齢2000年かもしれません、みたいなことを得意げに言っているので、なんだろ。ちょっとガッカリ……みたいな空気が漂っていて、やっと**縄文杉**に会えたのに、おばちゃんたち、2、3枚ケータイで撮影したら、あとは食べたり飲んだりするのに必死で、もう興味なしってどーいうことよ。

杉の寿命は500年ぐらいなので、樹齢2000年だとしてもスゴイでしょ。直径1・5mで巨木と言われるのに、その三倍もあるんよ。立派じゃないの。

屋久島の山は少し掘ると花崗《かこう》岩《がん》という固い岩で覆われている、言わば岩山。つまり、栄養も水

分も少ないんだ。でも、一年中雨が降るおかげで、屋久杉たちは1000年以上かけて、ゆっくりと成長しているのさ。中でも形がいびつで、製材に向かない、人間的価値観ではダメな木が伐採をまぬがれて、こうやって生き延びているんだと思ったら、樹齢が7200年じゃなくて、2000年だとしても、十分に奇跡だと思うんだけどなぁ。

## 屋久島の自然の気で風邪もよくなって元気になったかも♀

大きさ以上に感動するのが深く刻まれたシワだ。石垣島や竹富島の苦労してきたおばぁのように深く刻まれたシワが見るものを感動させるんだ。いっぱい歩いて会いに来ただけの価値があった。**縄文杉**は森のおばぁだ。

気が付くと、おいら。あれほどふらふらしていたのにシャキッとしてるぞ。風邪が治ったみたい。大自然の御利益かも。

**縄文杉**おばぁ、ありがとー♀。

結局、**縄文杉**を撮影しまくってから、**こころ家**の弘子女将が持たせてくれたにぎり飯を食べたりして、都合一時間以上、**縄文杉**を見ながらくつろいじゃったのです。幸せだったなぁ。

来た道を戻って、レンタカーを駐めた**荒川登山口**に到着したのは午後3時半。ってことは往復で7時間半もかかってしまったけど、行きはデジタルボイスレコーダー片手に延々しゃべりまくったし、写真も400枚以上撮影したので（復路も**ヤクシカ**や**ヤクザル**を撮りまくった）、そーいう取材的な立ち止まりなしで、純粋に自然を見ながら歩いたら、往復で6時間半〜7時間ぐらいが妥当な時間じゃないかな。と思った次第。

## 屋久島の旅話はまだまだあるけど次号に続くのだ

この日の夜、安房の民宿で念願のトビウオを食べたり、屋久島の温泉をすべて満喫したり、猫と遊んだり、翌日、シーカヤックをしていたら泳いでいるウミガメと遭遇したり、三日目の夜、永田浜でウミガメの産卵に感動したり……みたいな屋久島旅後半の報告は次号（出ればね）に続くのココロなのだぁ〜。

**a** ヤクシカは神経質だけど、優しく接するとなんぼでも写真を撮らせてくれるのです **b** 縄文杉の横顔。まつげと唇がはっきりわかるでしょ **c** 縄文杉の足元。凹凸の激しいブサイクなメタボ体型なので伐採を免れたんだね

新連載!!だけど最終回!?

# 屋久島の正しい♨入浴記

屋久町
尾之間
温泉

水が豊富な屋久島は楠川温泉や縄文の宿まんてんなどなど温泉が8湯も湧出しているのだ。ただし非循環＆非塩素の正しい温泉は4湯だけ。中でも昔ながらの自然湧出泉で、毎日営業後に湯を抜いては深夜1時までかけて高圧洗浄機で清掃している飛び切り正しい温泉を教えちゃうぜ♀

オノマでもオノアイダでもない。尾之間と書いてオネダ温泉※1。大和言葉が変化した島の方言だ。モッチョム岳の麓にあるんだぜ😊。

屋久島初日に泊まった宿から近かったので夕方ふらりと行ってみたら、山小屋風の湯小屋の中も外も地元の浴客でにぎわう、いかにも共同浴場という風情がたまらなくよかったので毎日通うほど惚れてしまったのです。

湯銭は200円だし、朝7時からやってるし、おいら以外は全員地元客だったもんね。

まず気になったのは浴室に入ってすぐの壁に造り付けられている小さな棚だ。北海道では普通、浴室の壁に棚はないでしょ。初めて見たぞ。何に使うんだろ?と、後から入ってきたおっちゃんの行動を観察したら、なんと、バスタオルを置いたんよ。なるほどね。汗かき系男子としては実にありがたい設備なり。バスタオルは脱衣場の籠の上でパンツを隠

a 女湯との仕切り壁には毎年8月のお祭りで歌われる尾之間音頭が記されている　b 受付のおじちゃん。おばちゃんの方が気さくでした😊　c 最初は下駄箱の上にいた猫くん。玄関脇のベンチでは浴客も猫もくつろいでいる　d 大正時代の湯小屋。壁がないのが南の島っぽいぜ　所在地●屋久町尾之間（島を一周する県道を尾之間の信号から山側に折れる）　営業時間●早朝7時（月曜のみ昼12時）〜夜10時（冬季は夜9時半）　湯銭●200円（Pあり）

※1……受付のおじさんが「オネダ」って読むんだよと教えてくれたし、湯殿の壁に描かれた尾之間音頭にも「オネダ」とルビがふってあるのに、最近は「オノアイダ」で統一しようとしている（涙）

すものと疑うことなく生きてきた道民としてはカルチャーショックだったけど、実際、翌日入湯した折に使ってみたら便利でした😊。

10人ほど入れる大きな湯壷は小石が敷いてあって湯温は熱め。これがさっぱりしていい。なんと、49度の源泉は湯舟の底から湧いているんだって。北海道にも数湯しかない尻下自然湧出泉だ。しかも、毎日湯抜き清掃しているというから文句なしの「正しい温泉」だね。

壁には一応カラン付きの洗い場があるけど、地元のおっちゃんたちは誰ひとり壁に向かわず湯壷の周りにペタッとすわって体を洗っている。と、ここでまたカルチャーショック😮。

湯壷の中では全員、女湯との仕切り壁に背をつけて同じ方向を向いて横一列で入っているのだ。理由は単純。逆向きに入ったら湯壷から湯を汲む人の邪魔になるから。これまた北海道にはないけど理に適ったルールだぜ。

その仕切り壁には尾之間音頭が記されていて土地の風物を感じさせてくれるんよ。いいねぇ。しびれます。北海道もヨサコイに毒されている場合じゃないぞ。

地元の人たちの話に耳を傾けると、小学校のお泊まり会が公民館ではあまりにもつまらないから、子供たちにもっと考えさせてあげたらどうだろうという議論でした😊。

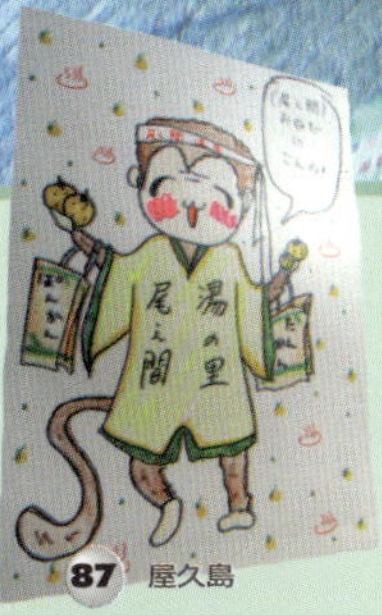

# 焼きものに恋して

## ③屋久島のヤクシカ注器

左がペリカン口の急須で右がヤクシカの注器。どちらも一点物なので全く同じものは二つとない

はぁ〜っ。それにしても、なんていい器なんだろう。

屋久島の民宿こころ家で、夕食膳を前にため息をついていた。だって、熱が42度もあるんよ。食欲ゼロ。せっかくの手作り愛情夕食を前にして箸が進まないというとっても哀しい状況だ。はぁ。せっかく作ってくれた女将さんに申し訳ないなぁ。と、ため息なんぞつきながら、ふと、手に持った茶碗に目をやると、これが実にいいんよ。

大きさも重さも手にしっくりくるし、無骨だけど表情がある。ちゃんと薪を燃やしている窯だとすぐにわかった。

美人女将にどこの窯の器なのかと訊くと、屋久島の山中にある阿多良窯《あたらがま》の作品だと教えてくれた。

屋久島をくまなく旅していると、茶畑が多いことに気づく。屋久島のお茶かぁ。飲んでみたいな。と思っていたらお茶屋さんを発見。立ち寄ると、めちゃめちゃリーズナブルな茶葉から香りのいい高級品まで揃っている。だけじゃない。店の一角に陶器が展示されているコーナーがあって、出会ってしまったんよ。なんとも言えず魅力的な急須に。釉薬など塗られていない焼き締めなのに、緑がかった不思議な色をしていて、しかも形が面白い。ペリカ

上段左から、ヤクシカ注器（何も考えずにヤクシカの花瓶だと思って買ったけど、どうやら注器らしい）、我が家で毎日愛用しているペリカン口の急須、工房での製作風景。中段左から、蛇窯の内部（一度にどれだけ焼けるのだろう）、お茶屋さんの一角にあった阿多良窯（埴生窯）コーナー。下段左から、ギャラリーで無理に笑ってくれた窯主の山下正行さん、めちゃめちゃ美味しかった赤い木の実（名前は不明）、蛇窯の外観と壁一面に積まれた薪♀

※その後、阿多良窯は埴生（はにぃ）窯に改名している

ン口。急須の持ち手や蓋にも鳥を連想させる造形が施されていて、素朴な中にも遊び心を感じさせてくれる。

これで5000円以下とは、おいらが求めていた要素がすべて揃っているではないか。もちろん即買いね。で、店員さんに訊いたんよ。どこの窯かと。

「阿多良窯※です」

いいと思ったら、同じ窯だった。

帰りの船の時間が迫っているけど、おいらの理想の急須を作った職人さんに会いたくてたまらなくなったのです。

工房は山の中にポツンとあった。手作りの蛇窯。大量の薪。本物だ。

窯主の山下正行氏と明美さんは突然来訪した、船の時間を気にして落ち着きがない旅人を優しく出迎えてくれた。

巨大な竜の頭。屋久島に生息するヤクシカの花瓶。急須や茶碗以外にも動物をモチーフとした作品が展示されているので、せっかく窯元まで来たのだからとヤクシカの注器を買うことに。

ちょうど、さっき、山の中で採ってきたんですよ。どうぞ。と、明美さんが見たことのない赤い木の実を出してくれた。どれどれ、と試しに一粒口に運ぶと、これがメチャメチャ美味♡。

あの美味しい木の実を食べるためにも、またいつか訪ねたいと思った。

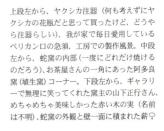

**平内海中温泉**　屋久島町平内（バス停海中温泉から徒歩5分）　混浴（水着、下着の着用禁止）。入浴可能時間は干潮の前後2時間ぐらい。湯銭は環境整備協力金として**100円**（料金箱あり）※平内集落の区長を中心に地元で管理している　☎なし

**梢回廊キャノッピ**　屋久島町原677-44　ターザン気分を味わえるキャノピーロープは約60分で**3000円**（要予約）。キャノピーウォーク（シダ回廊散策）は距離が倍の300mになって**1000円**。ナイトツアーは約75分**3000円**（夏季のみ）　☎**0997·49·3232**

**湯泊温泉**　屋久島町湯泊（バス停湯泊から徒歩5分）　混浴の海中露天風呂のほかに男女別に仕切られた露天風呂あり（水着、下着の着用禁止）。荒天時以外は入浴可。湯銭は環境整備協力金として**100円**（料金箱あり）　※地元湯泊集落で管理　☎なし

**楠川温泉**　屋久島町楠川（バス停湯の川温泉から徒歩3分）男女別浴場（露天風呂なし）。駐車場あり。飲み物の自動販売機あり。湯銭**300円**。9:00～21:00（10月～3月は20:00まで／無休）　☎なし　※25.8度の源泉を沸かしているけど非循環

**女性専家こころ家**　屋久島町尾之間223（尾之間バス停から40m）　1泊2食**6480円**、1泊素泊まり**3780円**（2組8名限定）。夫婦、家族の場合は男性も宿泊可。あざらし絶賛の尾之間温泉まで徒歩すぐ　※写真は宿主の日高弘子さん　☎**0997·47·2005**

**屋久島シーカヤッキングステーション・サウスアイランド**　屋久島町安房788-167　初心者向けの日帰りシーカヤックツアー（**1万5000円**）のほか、種屋久海峡や屋久島海峡を横断して種子島や口永良部島に渡る本格ツアーもある　☎**0997·49·7288**

**民宿杉の里**　屋久島町安房2402-220　1泊2食**7000円**（和6室）。ファミリーパックは12畳1室に4～6名で1泊2食**2万3000円**。早出は6時から朝食可。登山用弁当は朝食**520円**、昼食**620円**。登山悪天候時の予備部屋予約は1日1室**3000円**　☎**0997·46·2919**

**屋久島八万寿茶園**　屋久島町小瀬田532-24（屋久島一周県道沿い）栽培、製造、販売まで一貫している屋久島の各種有機栽培茶や抹茶ソフト**200円**のほか、あざらし絶賛の塩生窯の器も販売している　8:30～17:00（不定休）　☎**0997·43·5330**

**尾之間温泉**　屋久島町尾之間1291（バス停尾之間温泉入り口から徒歩10分）　男女別浴場（露天風呂なし）。湯舟の底から自然湧出する非循環、非塩素の「正しい温泉」。湯銭**200円**。7:00（月曜は12:00）～21:30　☎**0997·47·2872**

# 屋久島で立ち寄ったポイント

※赤文字は2014年12月末現在に修正したデータです

# やくしまコラム①

【屋久島の本のはなし】

屋久島を旅するにあたって何冊か本を買ったんだけど、途中でアテにならないと思ったり風邪をひいたりして実際にはほとんど読まなかったので、今、改めて読んでみようという企画ね。

★

まずは今回の旅で大変お世話になったキャノッピの中田隆昭の「屋久島、もっと知りたい～自然編」（南方新社／2004年1月発行／1800円+税）から。

冒頭から読ませるぞ。屋久島は温泉が多いので火山性の島と勘違いされるけど、実際はフィリピン海プレートや太平洋プレート、ユーラシアプレートの複雑な動きによって誕生した花崗岩が海底の粘板岩層を突き破って隆起した島であることがわかりやすく解説されている。いいねぇ。

10万年以上前、ネアンデルタール人の時代に発生した阿蘇カルデラによる火砕流や2万年前のウルム氷河期など地学的な話も面白いし、ヤクザル、ヤクシカの進化や生態の話も興味深い。一つの専門ジャンルに固執しないで興味の対象を縦横無尽に行き来していることが本書の最大の魅力だ。

あと書きで引用している「元々ある土と、外から吹いてくる風が合わさることでその土地の風土が生まれる」という言葉もいいなぁ。

★

次はあざらしが創刊から買い続けた旧「SINRA」（新潮社／深江英賢編集／743円+税）の2000年5月号。「最後の聖域、屋久島」というカラー20ページの特集が組まれている。

楽園写真家、三好和義の息を呑む写真に続いて登場するのが、なんと、キャノッピの中田隆昭だ。縄文杉以外の魅力を伝えている。

紹介している宿は屋久島いわさきホテル、四季の宿尾之間、田舎味茶屋ひらの、ペンション天然村の4軒で、各種温泉にも縄文杉にも永田浜にも触れていないんよ。中田隆昭以外は全くかぶってないのってスゴイよね。

★

次は「旅の手帖」（交通新聞社／中村直美編集／552円+税）の2005年8月号。世界自然遺産特集の中に、知床や白神山地と並んで屋久島がカラー12ページで紹介されている。

「6000万年前、本州と四国北西部がアジア大陸の一部だった時、九州の南東部はまだ海の底だった」という書き出しで始まるのがいいねぇ。と思ったら、取材先は環境文化研修センター任せだし、宿や自然ガイドは「観光協会に紹介してもらうのが一番」だって。

雑誌の肝とも言える宿の紹介もなく、取材も縄文杉に行かずにヤクスギランドで済ませてるっぽいし、温泉にも一切触れないってどーなの。おれがこの本の編集長なら書き直させるなぁ。

★

もう一冊。日本で唯一の島マガジン「島へ。」（海風舎／森田秀巳編集／743円+税）の2004年5月号。

カラー29ページ（広告含む）+モノクロ7ページで「屋久島へ行こう」という特集を組んで、縄文杉にしても白谷雲水峡にしても、足を使って精力的に取材している姿勢は大好きなんだけど、ごめんよ。表4のクライアントが大間原発のJパワー（電源開発）ってのがどうしても許容できないんだ。原発反対のたった四文字も書けない本に自由があるとはどうしても思えなくてさ。

焼酎の蔵元を突撃したり、宿や昼飯処をいっぱい紹介したり、現場の取材力が素晴らしいだけに残念○。

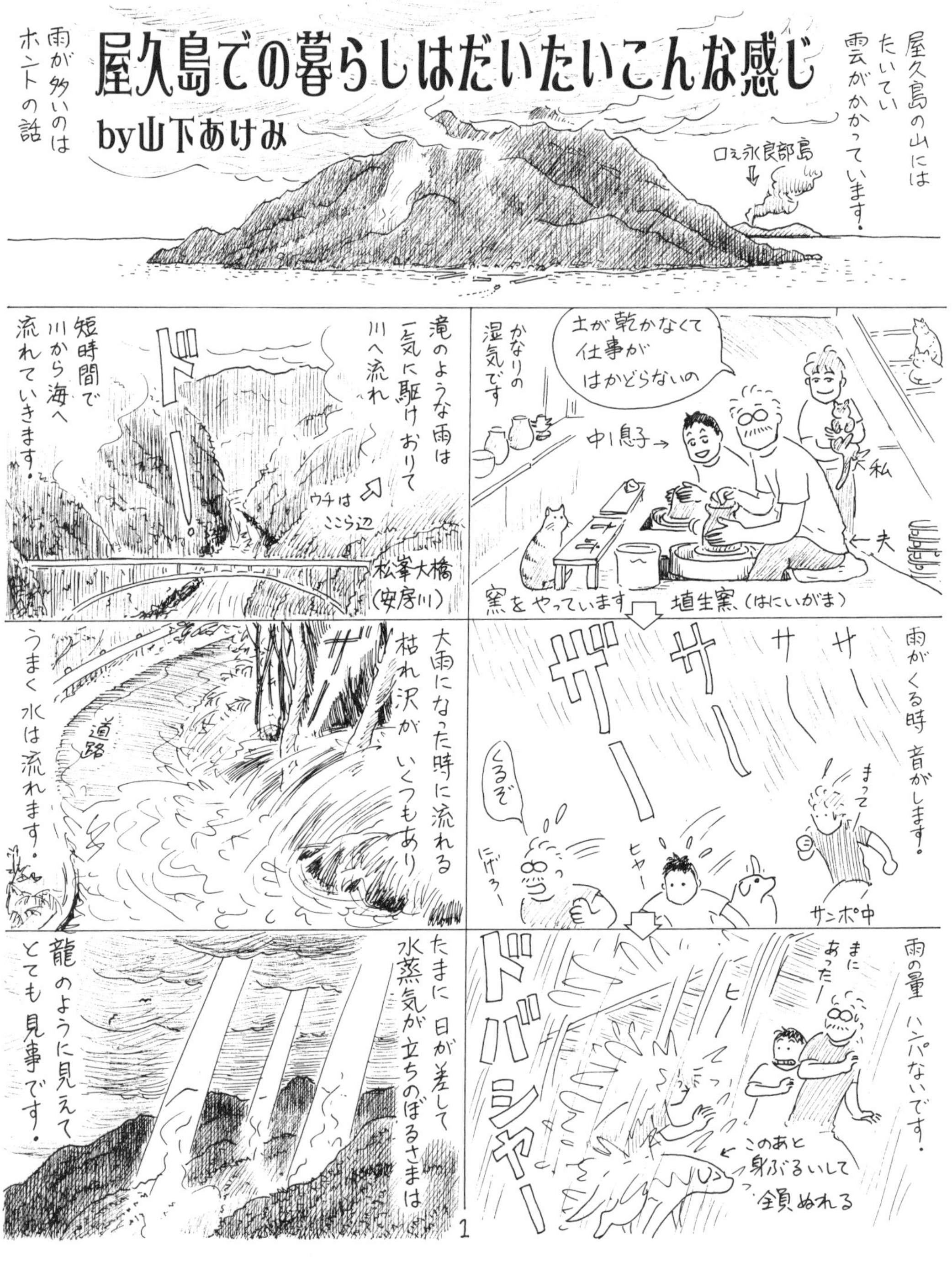

屋久島での暮らしはだいたいこんな感じ
by山下あけみ
屋久島の山にはたいてい雲がかかっています。
雨が多いのはホントの話
口永良部島
かなりの湿気です
土が乾かなくて仕事がはかどらないの
中1息子→
私
←夫
窯をやっています 埴生窯(はにいがま)
滝のような雨は一気に駆けおりて川へ流れ
ドドー!
ウチはここら辺
松峯大橋(安房川)
短時間で川から海へ流れていきます。
雨がくる時 音がします。
サー
サー
ザー
まって
くるぞ
にげろー
ヒャー
サンポ中
大雨になった時に流れる枯れ沢がいくつもあり
ザ
道路
うまく水は流れます。
雨の量ハンパないです。
まにあったー
ヒー
ドバシャー
このあと身ぶるいして全員ぬれる
たまに日が差して水蒸気が立ちのぼるさまは
龍のように見えてとても見事です。
1

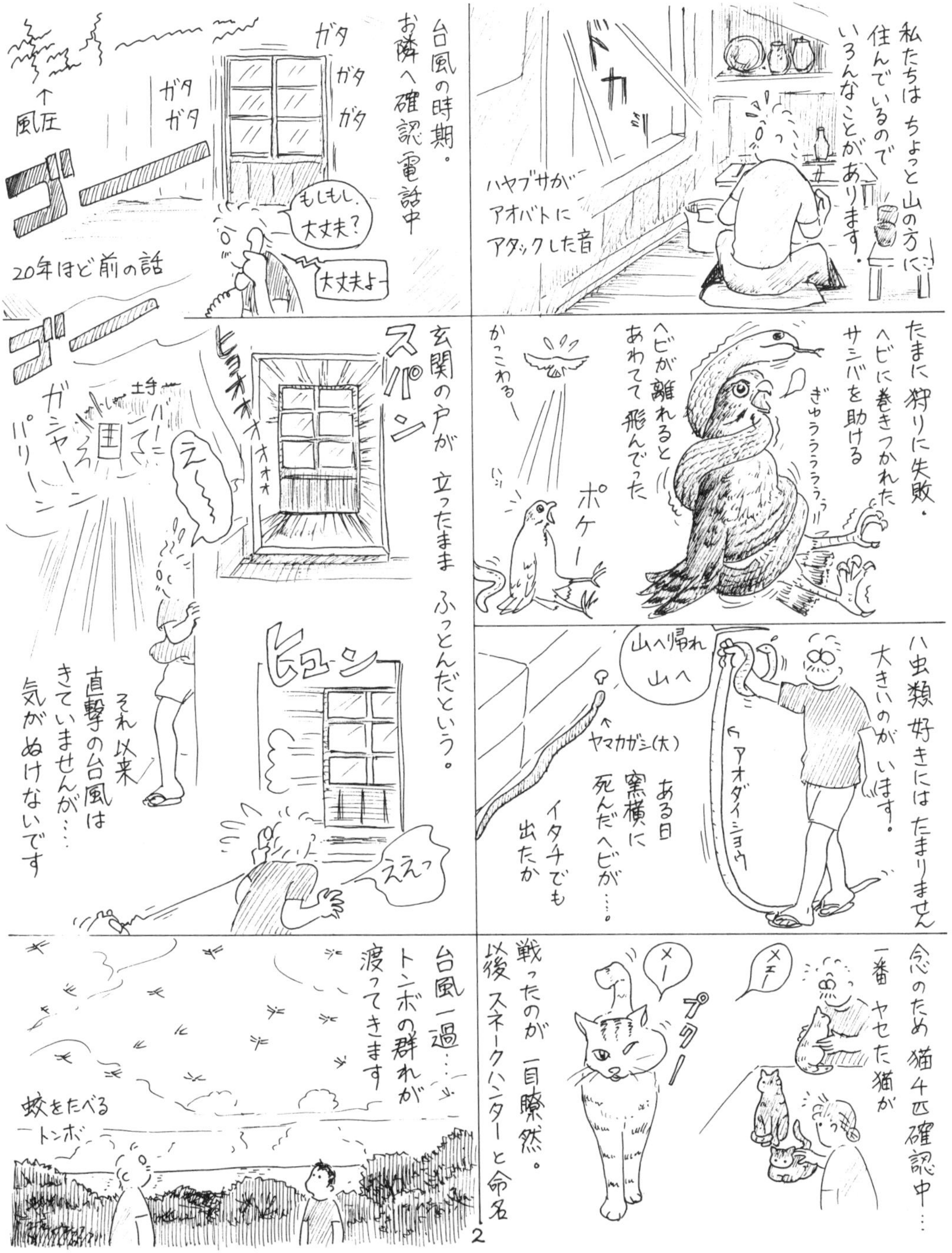

私たちはちょっと山の方に住んでいるのでいろんなことがあります。
ドカ
ミ
ハヤブサがアオバトにアタックした音
たまに狩りに失敗。
ヘビに巻きつかれたサシバを助ける
ぎゅううううう
ヘビが離れるとあわてて飛んでった
かっこわる…
ポケー
ハ虫類好きにはたまりません
大きいのがいます。
山へ帰れ
山へ
アオダイショウ
ヤマカガシ(大)
ある日
窯横に死んだヘビが……
イタチでも出たか
念のため猫4匹確認中…
一番ヤセた猫が
メェー
メー
プクー
戦ったのが一目瞭然。
以後スネークハンターと命名
台風の時期。
お隣へ確認電話中
ガタ
ガタ
ガタ
ガタガタ
風圧
ゴー
もしもし。大丈夫?
大丈夫よー
20年ほど前の話
ゴー
玄関の戸が立ったままふっとんだという。
スパン
ヒョオオオオオオ
ガシャー
パリーン
土手
え?
ヒューン
ええっ
それ以来直撃の台風はきていませんが…気がぬけないです
台風一過…
トンボの群れが渡ってきます
蚊をたべるトンボ
2

渡ってきて夏を過ごすアカショウビン。
ヒョッホホホホホオ
うまい
キョロロロロロロロ
本物→
えっ、なんちゃってに
返事した！
ぴーョ、
できない
台風がいくつかきて過ぎると、一気に秋がきます。
海の様子もかわってきます。
サシバの渡り→
(鷹ばしら)
春田浜
心地良い川はみんな大好き。
チイーッ
カワセミ
ヒーちめてェー
ヒー
一冬一
だいたい10度前後です。
とーちゃん、火鉢だけだとさむいね
そうね ストーブ出すか
湿気もあって、5度だとかなり寒いです。
秋は火鉢2コでしのぐ
もちろん海もいいです。
あ
ん？
子ガメのふ化に偶然出会ったことがある。
誰もいない浜
種子島
パタパタ
はさまった子ガメ
すいません、10度が寒いです。
こっち来て、スグ、南の体になっちゃった
松本生まれ
種子島生まれ
暑いのにはなれないのにね
5度だと耐えられません。
あったかーい
薪ストーブ
海の中も山のように切り込んでいる所が多いです。
サンゴなども多く美しいです。
ブダイ
潮だまり
時々、近くの山にも雪が積もります。
太忠岳(1497)
明星岳(651)
里
パパイヤ
ハイビスカス
3

夕方、夕日でできた山の影が伸びる。
種子島
あ イルカ.
春はステキです。ミカンの花や照葉樹の花が咲き辺りが香りに包まれます。
シイの木
ミカン
種子島からのロケット発射、夜はかなり美しいです。
海が一面オレンジ色
音はあとから聞こえる
おッ 上がった
次から次へと咲く花の花びらの道ができ心がとても和らぎます。
アブラギリの花
エゴの花
わが家のミカンでひと冬楽しめます。
ホイ
ホッ
バチッ
この時期、川向こうのミカン畑では、サルと犬が大忙し
ワン
ワン
キャッ キャッ
キャッ
ヴオウ ワウワウ オウオウ〜
カンケイないのに吠えてるウチの犬
(サルよけのための犬)
屋久島の一日はいつも何げなくはじまります。
キーッ
キキーッ
いってきまーす
あッ サル!
いってらっしゃーい
サルに負けんなヨー
自転車で登校中
あけみ
4

# 屋久島でシーカヤックガイドをしている畠中多栄二が北海道のみんなのためにお薦めする
# とっても個人的な屋久島BEST8

## 1 農家食堂むいごっ娘 お母っんの味かから団子♥

●平均年齢70歳!? 昔は「娘」だった麦生集落の農家のおばちゃんたちがイキイキと働くうどん屋さんです。トビウオのつきあげと自分たちの畑で採れた野菜を使ったかき揚げが乗った**トビ天うどん**も美味しいのですが、北海道のみんなに是非食べてもらいたいのが、よもぎたっぷりの**かから団子**(1個**100円**)です。かから(正式名称は「サルトリイバラ」)の葉っぱで包んだよもぎ味のお団子で、都会のよもぎ団子と比べるとかなり甘いと思います。家庭料理なので作り手によって味が違いますが、**むいごっ娘**の**かから団子**はよもぎたっぷりで島一番の味と称されています。店内ではほかにも新鮮な野菜や地域の人が作った手作り雑貨なども販売しているので、屋久島ドライブの途中で是非立ち寄ってみてください♀

**農家食堂むいごっ娘**●屋久島町麦生900－66(バス停ボタニカルリサーチパークから徒歩1分) ●営業時間／10:00～14:00(金曜定休) ☎090·7920·6594

## 2 屋久島の海 ざ・日本の海！の縮図かも？

●屋久島は九州と沖縄の間という微妙なところに位置しているおかげで、本州(**温帯域**)から沖縄(**熱帯**)までのいろんな環境や生物がごちゃまぜの不思議な海になっています。陸上の急峻な山から続く水中景観もいろいろで、トロピカルな**サンゴ**が広がるポイントあり、ド迫力の**巨岩**あり、入ってみたくなるような**洞窟**あり。それぞれの環境にはいろいろな生物が息づいています。カラフルな熱帯魚からおいしそうな回遊魚、たくさんの小物から大物。そしてフレンドリーな**ウミガメ**たちまで盛りだくさん♀ のぞいてみれば**温帯**だったり**熱帯**だったり、**癒し**だったり、**冒険**だったり、屋久島の海はある意味**日本の海の縮図**のようですよ。

そんな不思議な屋久島の海に思いきり飛び込むダイビングやスノーケリングはいかがですか？●**屋久島マリンサービスYMS**●屋久島町小瀬田913－53 ☎0997·49·4380 http://www.yakushima-dive.com

穴場を教えちゃいます

**畠中多栄二(はたなかたえじ)**●1967年、鹿児島生まれ。屋久島に腰を下ろして15年。屋久島シーカヤッキングステーション・サウスアイランド代表。今でもカヤックを漕ぐのが大好きで、時間を見つけては海に川に通う日々

# 3 イートハーブ スパイシーな ゆるゆる空間

●**屋久島産ターメリック**（ここでしか味わえません!!）を使ったスパイシーなインド風カレーのお店です。イチオシはキーマやエビなど2種類のカレーを選べる**プレートカレー**。タンドリーチキンや屋久島特産のトビウオで作ったハンバーグなどのおかずも付くのでお腹も財布も大満足です！

店内には**500冊以上の絵本**を含め**5000冊以上の本**が並んでいるので、小さな子供から大人までゆっくりの～んびり楽しめますよ。

**屋久島六角堂スパイシーブックカフェイートハーブ**●ホトー川バス停前●詳細は屋久島六角堂ＨＰで確認を ☎0997・47・3341

# 4 土井鮮魚 シメトビが最高！

●ぼくのシーカヤックステーションがある地元、安房の漁師の奥さんが切り盛りする魚屋さんです。お薦めはトビウオを酢と氷砂糖と昆布を使って三日間かけて漬け込んだ**シメトビ**と、トビウオの卵を使った**飛びっ子の明太子風**。お取り寄せもできるので、すぐに屋久島に来れない人は「畠中の紹介です」と注文してみて！

**土井鮮魚**●屋久島町安房788-47●営業時間10:00～17:00（日曜定休）●まずは電話で…
☎080・8384・5578 fax:0997・46・2095

# 5 安房のトビウオ

●この本では**トビウオ**と書いてあるけど、こちらの感覚では**飛び魚**が正解です。そして、ぼくが暮らす屋久島の安房といえばトビウオの本場！**刺し身**はもちろん♪**塩焼き**や**唐揚げ**も旨いし、忘れちゃダメなのがスリミにして油で揚げた**トビウオのつきあげ**です。北海道の人はきっと食べたことがないでしょうね。ぼくは毎日食べてます。毎日食べても美味しいし、とにかく旨い！ 旨いのだ！

# 6 無人市 量が多くて驚きの安さ

●島をぐるっと周る県道沿いに点在する**無人市**。農家さんが愛情込めて育てた四季折々の野菜や果物、花など、見ているだけでも楽しくなります。有人市は地元のおばちゃんたちとふれあえるので、それはそれで楽しいんだけど、**無人市**の魅力はなんといっても安さです。「こんなに量が多いのにこんなに安いの！」と驚きます。**無人市**だけに人はいないけど、お金はちゃんと入れましょうね。

# 7 ホタル舞う湯泊温泉

●山奥!?にあるディープな風情の**楠川温泉**や、地元の人たちに愛されているかなり熱めの**尾之間温泉**、夏は浴室から大きな虹を見るチャンスが多い**大浦の湯**、干潮の前後2時間だけ入ることができる**平内海中温泉**などなど、屋久島には多くの温泉がありますが、中でも感動的なのが目の前が大海原の**湯泊温泉**です。お薦めは5～6月の夜。飛び交う**ホタル**を眺めながらの露天風呂は最高ですよ！

# 8 トローキの滝 海へ落ちる滝

●屋久島の南部を流れる**トローキの滝**。雨が降り、水量が増えると水の音が轟く事から、轟き⇨トドロキ⇨トローキ……と呼ばれる様になった落差6メートルの、海へと直接流れ落ちる数少ない滝です。展望所からも見れますが、**カヤックツアー**に参加すると滝を真下から仰ぎ見ることができるので迫力満点！ 水飛沫がかかるぐらい近づけるので、遠くから見るよりも何倍も楽しめますよ！

## 海の青から川の緑へ……

何色もの「青」が織り成す水のグラデーションは本当に綺麗です。
途中、ウミガメさんが顔を出してくれることもあります。
シーカヤックが初めての人から上級者まで
ぼくの大好きがい～っぱい詰まった素晴らしい場所へご案内します。

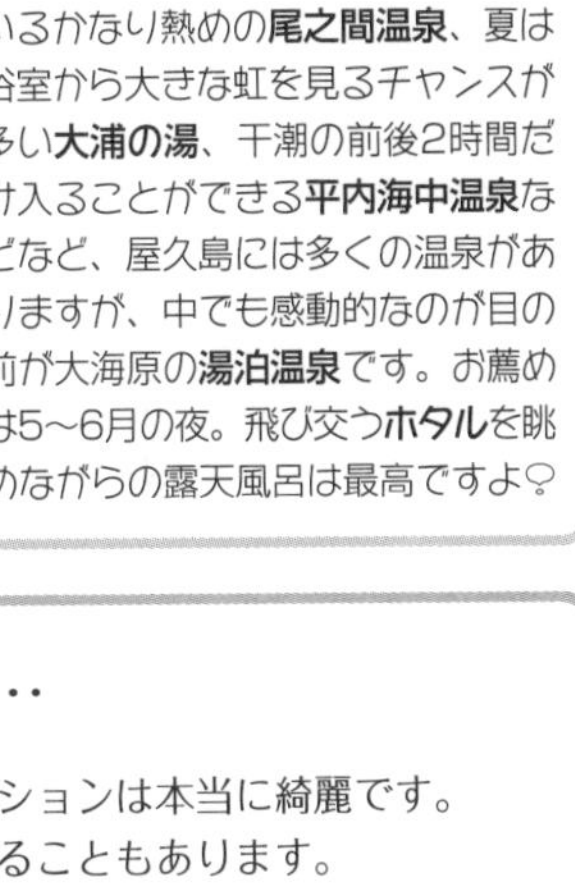

屋久島シーカヤッキングステーション
**サウスアイランド**
代表　畠中多栄二
鹿児島県熊毛郡屋久島町安房788-167
☎とFAX：0997・49・7288
http:// www.south8940.com/

# うちなーコラムン①

【CDのはなし】

なんて素敵なサービスなんだろう♪と感動したのは2005年に沖縄本島を旅した時のことだ。いつものようにOTSレンタカーを借りると、一枚のCDを手渡されたんよ。タイトルは「めんそーれ沖縄！58ドライブ～vol.3」。沖縄ツーリストとFM沖縄の共同制作盤だ。早速かけてみると、地元の人気DJ、津波信一がウチナーグチ全開で、音楽と最新情報を提供するラジオ番組スタイルのCDで、レーベルの垣根を越えて、BEGIN、彩風《あやかじ》、普天間かおり、下地勇の曲が収録されているでないの。

まだ沖縄音楽ビギナーだったおいらにとって、石垣島の彩風や宮古島の下地勇は未知の存在だったので、聴きながら車内で大興奮。本当に貴重な出会いのきっかけとなったのでした。

レンタカーの需要が沖縄以上にある北海道でも、道産子ミュージシャンが競演するオリジナルCDをプレゼントしたらいいのにな。

DJはタック・ハーシー。曲はベーカーショップブキのファンキーなナンバーで始まって、怒髪天のごきげんな大衆ロックと続き、アイヌ詩曲舞踊団モシリの幻想的な民族音楽をはさんで、堀江淳と五十嵐浩晃の往年のヒット曲でほっこりして、八田ケンジのしびれるバラッドで締めるってのはどうざんしょ♪と思った次第。

【沖縄バヤリース問題】

旨い。旨すぎる。いいなぁ、沖縄の人たちはぁ、と心底うらやましく思ったのは沖縄バヤリースのグァバジュースを初めて飲んだ折のこと。グァバだけじゃないぞ。マンゴー、パッションフルーツ、シークワサー、ピンクドラゴン、ハイビスカス花茶などなど種類が豊富で、しかも、ハズレなし。

なんなんだ？ 沖縄バヤリースって、すごいじゃん。社員42人（うちパート13人）とはとても思えない開発力と品質でないの。

いやもちろん北海道にも美味しいフルーツジュースはいっぱいあるよ。あるけど、高いでしょ。これっぽっちの小さな瓶で300円とか。沖縄バヤリースはペットボトルで税別150円なので、日常飲みできるわけで、気が付くと、おいら、箱買いしていたのです。

ただし、物産展やわしたショップは種類が少ないので、直営のオンラインショップでね。

そんな大ファンだっただけに「閉店のお知らせ」というメールが届いた時はぶったまげたのなんのって。

慌てて琉球新報のウェブサイトの過去ニュースで調べてみると、ふむふむ。復帰直前の1972年に沖縄バヤリースの前身にあたるアメリカンボトリングが解散したのを受けて、同社従業員ら約60人が共同出資して沖縄バヤリースを設立。オリオンビールをはじめ県内の飲料メーカーが次々に本土資本の子会社になる中、唯一の地元資本として頑張ってきたけど、2004年は16億2300万円あった売上が2013年は8億4500万円に半減しちゃったので、2014年12月31日付けで解散して（社員は全員解雇）、営業権を東京のアサヒ飲料に譲渡することが決まったのかぁ。

沖縄バヤリースブランドはアサヒオリオンカルピス飲料（浦添市）から一部継続販売されるってのが、救いといえば救いかな……。

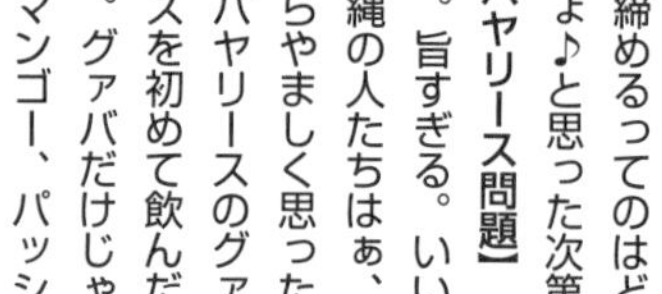


沖縄県産の原材料にこだわっていたのになぁ……

## 旧石垣空港からの那覇便はいつもほろりとするのです

沖縄本島編はいつの旅にしようかなぁって考えたけど、早々に紙幅が尽きる都合もあるので、65ページの波照間島二泊のあと、石垣島で一泊して、そのあと那覇で二泊した時[※1]の話を書くね。

石垣空港から那覇空港までの小一時間のフライトは断然窓側席に限る。宮古島やその周辺の島々、島を結ぶ橋までもが鳥瞰できるので見逃す手はないよね。

10時20分発のJTAは一番後方の席（といっても26列目）にした。最後列だとリクライニングする時、気を遣わなくてもいいのさ。ふと、窓から送迎デッキを見ると、「3年間サンキュ!!」と書かれた手書きの横断幕を掲げて手を振っている人たちがいた。手を振るだけじゃないぞ。子供からおばぁまで20人ぐらいでウェーブを始めたんよ。そして、みんな泣き始めた。

こんな素敵な光景を目にするのは小さな空港の距離感ならではだよね。新空港になったら見られなくなるんだろうなぁ。誰が誰に3年間サンキューしているのか全然わからないけど、つられてほろりとしちゃったよ。

## 読谷村まで走ってやちむんの里で遅めのランチタイム

11時15分、那覇空港に到着。手荷物を待ったりレンタカーを借りたりしていたら、正午を過ぎていた[※2]。沖縄に行ったら、ランチはここ、と決めている読谷《よみたん》村《そん》のやちむんの里を目指して58号線を30㎞ばかり北上する。

やちむんの里はその名の通り、焼き物の里だ。多くの陶房が軒を並べ、巨大な蛇窯もある。

国道沿いの共同販売センターの手前の信号を左折して親志公民館方面に進むと、右手に陶房街が見える。目当ての喫茶＆ギャラリーまらなたは奥の方だ。

※1……2010年6月11日～13日の話です。古いけど読んでね　※2……と書いてあるけど、この頃のレンタカーは空港から近かったし、システムもおおざっぱだったし、今と比べると借りるのに時間がかからなかったんだよなぁ

**a** やちむんの里にある喫茶＆ギャラリーまらなた（読谷村座喜味2678-4 ☎098-958-2003）の店内　**b** そばセットはジーマミ豆腐、有機サラダ、漬物、飲み物、デザート付きで1000円　**c** そばセットのデザートと紅茶

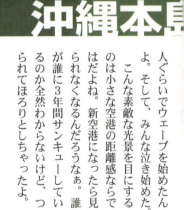

木の温もりが優しい店内は清潔でピッカピカなので、思わず靴を脱いで入りそうになるけど土足なのね。手打ちのそばセットか定食スタイルのまらなたセット(どちらも1000円)で悩むぞ。**そばセット**を注文したら、待ち時間を利用して併設されたギャラリーをのぞいてみる。いいねぇ。カップとソーサーのセットが2800円。この値段で売れるのは手が早い証拠だ。

しかも、ここの器で飲食できるので使い勝手を実感できるんよ。そばのどんぶりはもちろん、セットで出されるジーマミ豆腐、有機サラダ(これが超美味)、漬物、飲み物などの器は一人一人すべて違うってのがいいなぁ。

周囲を見回すと、添えられる花器もそれぞれ違う形だ。窓景も含めて穴場の昼飯屋でしょ。

## ボーダーインクで那覇の弁当の安さに衝撃を受ける!!

那覇に戻って、国際通り沿いの安ホテルにチェックインしたら、夕方5時過ぎに沖縄の県産本全体を牽引する地元出版社、**ボーダーインク**へと行く。親しい編集者の新城和博と飲むからだ。

去年は首里にあるいい感じの古民家居酒屋に招待してくれたのに、今夜は「悪くもないけど、よくもない店」だって。手抜きかよぉ。

与儀の事務所で基地問題とか琉球独立論について40分ほど話していたら、ふと、壁に貼られた出前メニューが目に入って、その安さにぶったまげてしまった。だって、日替わりメニューが250円なんよ。観光客相手と住民用の二重価格の実態を垣間見た気がしたのです。って、そんなおおげさなことじゃないか😄。

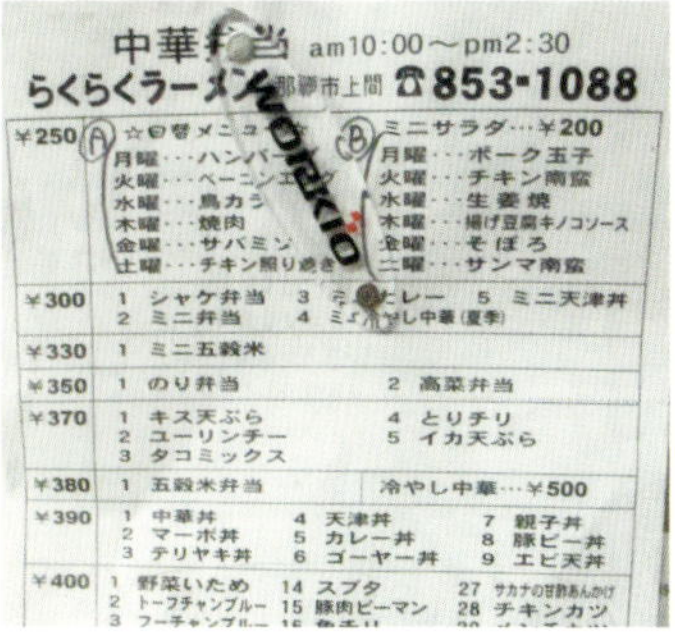


どこにある、なんて名前の店で何を飲み食いしたのか全く覚えてないけど、**ジュンク堂那覇店**の宇田智子も合流して、おいらたちは小上がり席でくつろいでいた。

宇田智子はその後、市場にある日本一小さな古本屋の店主になるんだけど、その話はまた今度。たぶん、沖縄の書店事情について話をしたんだろうけど、覚えているのはフレッシュプラザUNIONという沖縄県内に

かなり大ざっぱな沖縄MAP

a 宇田智子と新城和博と。何枚か撮ってもらったのがみんな笑い過ぎてぶれていて、唯一ぶれてない写真が笑顔少なめでした

18店舗あるスーパーに入ると嫌でもミヤギマモルの声が聞かさる、という話だ。新城和博は一人で大爆笑していたけど、ミヤギマモルって誰さ？　北海道人にはちんぷんかんぷんだよぉ。

## やんばる野生生物保護センターにヤンバルクイナはいないのです

翌朝、レンタカーで沖縄自動車道を北上していた。那覇ＩＣから終点の許田ＩＣまではたったの57㎞。新川ＩＣから苫小牧東ＩＣとほぼ同距離だ。許田からは58号線をさらに北上して、最初に立ち寄ったのは大宜味村《おおぎみそん》にある道の駅おおぎみだ。ここと国頭村《くにがみそん》の道の駅ゆいゆい国頭でシークワサーの原液や、さんぴん茶、やんばる茶などの特産品を買うのが好きなんよ。で、ついついスナックパインだのなんだのと車中でつまむものも買っちゃうので、昼時になってもおなかがすかなかったりしてね。

ちなみに国頭村は沖縄最北の自治体で、大宜味村と東村の一部と併せて山原《やんばる》と呼ばれている。以前、58号線の終点にある奥という集落の民宿に泊まったことがあるんだけど、近くにある廃校になった小学校の名前が北国小学校なのには笑っちゃった。

今回はそこまで北上しないで、那覇から１００㎞ほど走った道の駅の辺りを右折して、森へと進むと、あったよ、ありましたよ。やんばる野生生物保護センター、ウフギー自然館が。

入館料は無料。なんだけど、展示に工夫を凝らしているので、ここだけの固有種が多いやんばるの自然がいかに貴重かや、日本で唯一の飛べない鳥、ヤンバルクイナの生態などを楽しみながら学べるようになっていて、動物好きにはたまらないです。

ただし、本物のヤンバルクイナはいないんよ。名前は野生生物保護センターだけど、捕獲した動物を保護する施設ではないのだね。「ネオパークに行くと本物がいます」と言われたけど、二度ほど遊びに行ってるし（軽便鉄道にも二度乗ったぜ）、それはなんか違うなと思ったので、ヤンバルクイナは今度自然の中で見つけるとするぜ。

## 名護でマンゴーとかアグーバーガーを食べて那覇へと戻ったのです

南の島の旅も九日目ともなれば疲れも出てくるし、夕方5時半にはコザの友人と那覇で待ち

**b** ＯＫＩＮＡＷＡフルーツらんどで食べたマンゴーのかき氷。これでもかってぐらいマンゴーがのっていたぞ
**c** ウフギー自然館で一番うっとりしたのがアカショウビンだ
**d** こいつがマングース。オスは全長60㎝もある

合わせているので、予定していたあれやこれやはすべて中止して、那覇に戻ることにした。

とは言っても、帰りがけに名護のゴーヤーハウスやフルーツらんどでアグーバーガーやマンゴーのかき氷を食べるぐらいの寄り道はしつつだけどね。

## 那覇の桜坂劇場で コザの和宇慶《わうけ》先輩と 待ち合わせて……

帰りの車中、ふと、昨日、那覇のホテルで見た夕方のNHKのニュースを思い出す。

番組名は「ハイサイ〇。ニュース610」。空き巣で捕まった新城某《しんじょうなにがし》は二階から侵入するのが手口ということで、「二階の窓も鍵をかけましょう」と真顔で話していた。そういえば北海道って空き巣、あまりいないよなぁ。どうしてだろ。などと考えているうちにホテル国際プラザに着いた。国際通り沿いと場所が便利なのに安いぞ〇。という理由で、ここかホテルニューおきなわを定宿にしているけど、昨夜は外の音がうるさくて眠れなかった。

やばい。急がないと和宇慶《わうけ》先輩を待たせちゃうぞ。慌ててシャワーを浴びて、ホテル脇の浮島通りを桜坂劇場へと急いだ。

沖縄市《コザ》で暮らす和宇慶先輩※3にとって那覇は一泊して遊ぶ街なのです。今回もわざわざホテルを取って会いに来てくれたんだ。うれしいなぁ。今度はおいらがコザに泊まりに行くからね（実現するのは三年後、2013年のこと。その話はまた今度ね）。

今回は桜坂劇場で夜7時から始まるライブを一緒に観ることになっている。まずは初めて来た桜坂劇場のセンスの良さにぶったまげたね。一階は雑貨や書籍のセレクトショップとカフェで、二階から上は元々がつぶれたシネコンということでミニシアターと劇場になっている。

だめだ、お洒落すぎて居心地が悪いよ。でもせっかくだから、雰囲気を味わおうとテラス席でマンゴーソーダ（200円）なんぞ飲んでいたら、今回のライブの関係者でもある新城和博が歩いてたのでおじさん三人で記念撮影したのが右上の写真なのだ。

## ライブ開演前に 下地勇のかっこよさに やられてしまった

小太りおじさん三人組（全員昭和38年生まれ）で、でへへ、ぐふふと笑っていたら、きゃっ♥ テラス席で一人、コーヒーを飲んでいる長身のイケメンがいるでないの。真っ白いシャツがまぶしいよぉ。なんだろ。おれらとはあきらかに違う種類のオーラを出しまくっ

※3……和宇慶勲先輩は「なんだこりゃ～沖縄！」（ボーダーインク刊）の著者。自他共に認める沖縄一オタッキーな和宇慶先輩とあざらしの出会いは124ページを読んでね

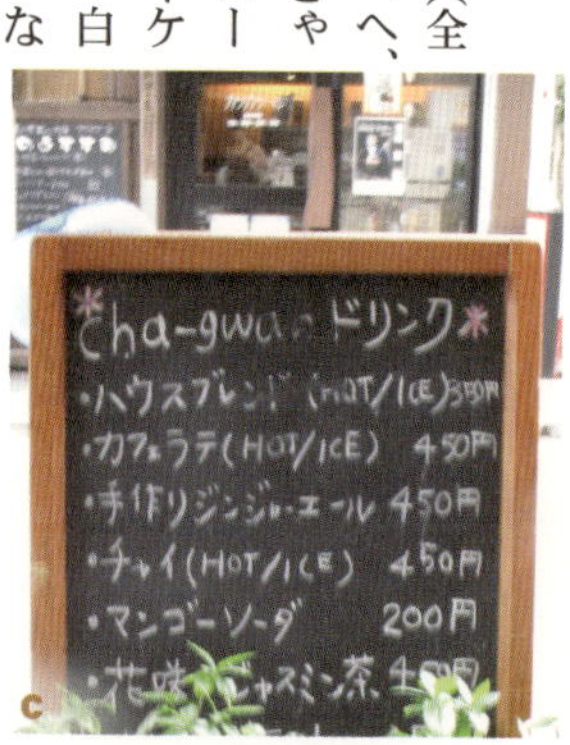

a壺屋の辺りで気になる看板を発見 b桜坂劇場の1階には雑貨や書籍を扱うセレクトショップふくら舎が入っていて、素敵なフェアが開催されていた c桜坂劇場のカフェのメニューと通りの向かいにある居酒屋カラカラ

ているぞ。新城和博に「かの人はたそ?」と訊くと、宮古島出身の下地勇だと教えてくれた。オリオンビールのCMで大ブレイクするのはこの翌年のことさ。

## 新良《あら》幸《ゆき》人《と》も下地勇も ローリー・クックも かっこよかったよぉ♡

開演までまだ時間があるので、劇場の向かいにあるカラカラという琉球料理の店で乾杯&腹ごしらえをしてから、いざライブ会場に突入だ。新良幸人プレゼンツ「第20回一合瓶ライブ」は開演して30秒、正確には開演前の注意事項から大爆笑だった。司会の川満しぇんしぇー、面白すぎるぞ。沖縄の芸人さんなんだろうね。笑わせるなぁ。

会場全員の「乾杯」でライブが始まるってのもいいなぁ。

新良幸人withサンデー、やちむん、宮城小百合、彩風《あやかじ》と続いて、幕間で川満しぇんしぇーが大爆笑の味噌汁の話をしたんよ。次の歌手の準備が整ったので、続きはこの後で、ってことで楽しみにしていたら、その後の下地勇とローリー・クック（右上写真）のライブがあまりによかったので、川満しぇんしぇーったら、味噌汁の話の続きじゃなくて、「今夜、奇跡が起きました」って、レオナルド熊みたいな衣装のままで感動していたのが純朴で可愛かったなぁ。

トリの新良幸人の最後の曲は石垣島白保の民謡「月ぬまぴろーま」。三線一本で唄い上げたんだけど、オーラスにふさわしい素晴らしい唄で鳥肌が立った。

結局、ライブが終了したのは深夜0時。ってことは5時間もやってたんだ。濃かったぁ〜。

客席にいたHirara（和宇慶先輩とライブを観たことがある宮古島出身の歌手）と挨拶をして、駐車場でローリーと握手をして浮島通りをホテルに向かって歩いていると、おやや。こんな深夜なのに普通に営業してる薬局があるぞ。疲れているので栄養ドリンクを注文すると、「これが効くさぁ」と新グロモントを薦められた。波照間島の共同売店で唯一売っていた栄養ドリンクと同じなので笑っちゃったよ。沖縄地方で人気なの？

浮島通りの居酒屋で飲んで、深夜1時半に和宇慶先輩と解散。翌日の帰札を残して、10日間に渡る南の島旅はほぼ幕を閉じたのでした。

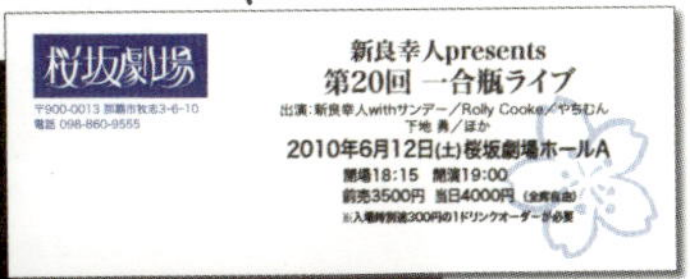
桜坂劇場
〒900-0013 那覇市牧志3-6-10
電話 098-860-9555
新良幸人presents
第20回 一合瓶ライブ
出演：新良幸人withサンデー／Rolly Cooke／やちむん
下地 勇／ほか
2010年6月12日(土)桜坂劇場ホールA
開場18:15 開演19:00
前売3500円 当日4000円（全席自由）
※入場時別途300円の1ドリンクオーダーが必要

d 新良幸人が唄っていると、どこかのおばちゃんがステージに乗って踊り始めた。北海道では絶対にないなと思った　e 石垣島の新良幸人と宮古島の下地勇。SAKISHIMAミーティングというユニットを結成している

新連載!!だけど最終回!?

# 沖縄の温泉銭湯入浴記

コザ
中乃湯
の巻

沖縄の民宿に泊まるとバスタブがなかったり、あっても物置状態でシャワーしか使えない、というケースがままある。1年365日浴槽に湯を張らなくては気が済まない道産子としては寂しい限りだ。たとえ沖縄にいようと肩まで湯に浸かりたいものである。が、沖縄の銭湯は激減していて絶滅寸前。そんな中で頑張っている温泉銭湯「中乃湯」に入ってきたのだ

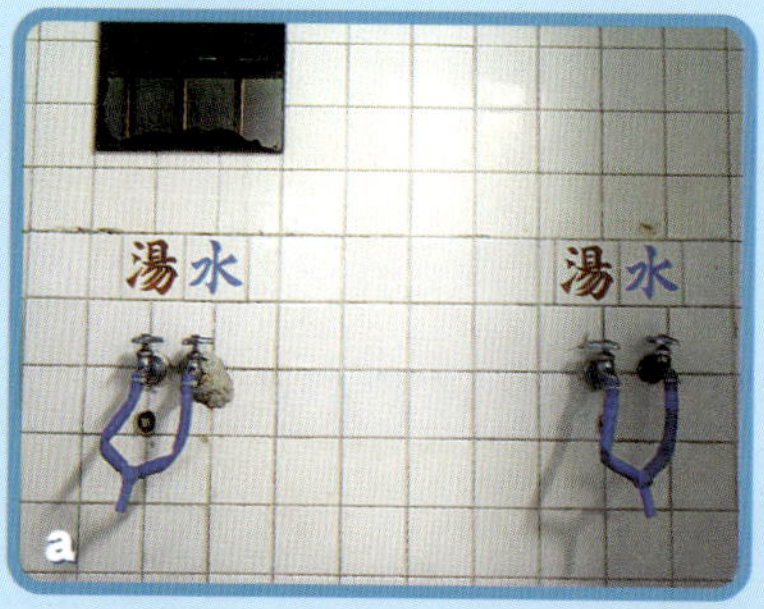


a

b

**a** ビニールホースの中で湯と水がミックスされるのでダイレクトに頭も洗えるのです　**b** 手書きの数字が微笑ましい木製の脱衣ロッカー。こんなオリジナルな形状には初遭遇なり　**c** 建物の外にはユンタク用のベンチがある。二代目湯守の仲村シゲさんと札幌からの浴客たち　**d** 沖縄の銭湯はことごとく入浴剤入り。温泉も例外じゃないのね　所在地●沖縄市安慶田1-5-2　営業時間●夕方3時～夜9時半（木曜・日曜定休）☎098・937・8953

c

d

そうなのです。沖縄の銭湯は脱衣場と風呂場の間に仕切りがないのです。脱衣場と風呂場の間のドアはきっちり閉めるべし。開けっ放しは死罪に値すると信じて生きてきた道産子には不思議な光景なり。

コザ（沖縄市）の「中乃湯」は半世紀以上の歴史を持つ沖縄唯一の温泉銭湯だ。アルカリ性の単純泉を沸かしている。湯守の仲村シゲさんは毎日二回この湯に入っているので75歳（当時）とは思えないほど艶々なのだ。

　そのシゲ姉さんに350円×3人分の湯銭を払おうとしたら1000円ちょうどにまけてくれた上に湯上がりにはジュースまでごちそうしてくれたんよ。「それじゃ儲けが全然ないでしょ」と突っ込みたくなるところがウチナンチュのいいところなのね。

☞居合わせた浴客もみんないい人でした♪

# 北海道人のための南の島CD

## 〜あざらしが選んだ12枚〜

うぎゅう。12枚だけ選ぶのは至難の業だけど、道民に聴いてほしいCDを新旧チャンプルーで紹介するので、まずは音楽で南の島気分を盛り上げてね。

北海道では全く無名だけど、八重山では知らない人がいないのが石垣島出身の兄弟いとこユニット**きいやま商店**だ。三人とも曲を作れるし、笑いのセンスもいいので人気なのも納得。7曲入りアルバム「**さよならの夏**」は「**MilkTea**」が絶品だよ。

石垣島出身の**新良幸人**《あらゆきと》と、宮古島出身の**下地勇**《しもぢいさむ》のユニット、**サキシマミーティング**の「**ザ・ベスト**」は1曲目の「**ハイハイアンガマ**」から引き込まれる。間奏の三線ソロのかっこいいこと♡。「**SAKISHIMAのテーマ**」は言葉が全くわからないのにジーンと胸に響いて鳥肌が立つよ。

沖縄国家「**芭蕉布**《ばしょうふ》」などを手がけた作曲家**普久原恒勇**のトリビュートアルバム「**普久原メロディー**」には**HY**や**COCCO**、**モンゴル800**など多くのアーティストが参加しているけど、あざらしイチオシは**下地勇と内田勘太郎**のセッション「**ジントーヨーBLUES**」。しびれます。

オムニバスアルバム「**さとうきび畑**」は選曲が素晴らしいぞ。**りんけんバンド**の「**乾杯さびら**」もいいし、**比屋定篤子**《ひやじょう》の「**ていんさぐぬ花**」も胸に響くけど、最高にスカッとするのが**アルフレド・カセーロ**の「**島唄**」だ。ギターのリフがオリジナルより遥かにかっこいいんだよなぁ。

北海道いい旅研究室のコラムでおなじみ**ローリー・クック**の、ギター一本勝負24曲入り2枚組アルバム「**月とギターとベランダ**」は「**園田エイサーの季節**」など名曲揃いだ。「**二日酔いのホリデー**」もオリジナルよりいいぞ。

**ローリー・クック**をもう一枚。アルバムのタイトル曲「**It's a beautiful day**」は泣けるよ。桜坂劇場のライブで本当に泣いちゃったもんね。

宮古島出身の**Hirara**は長身でスレンダーだ。ストラップなしで三線を腰骨に乗せて弾く姿はジャケ写より数倍美しい。たまたま入ったライブ居酒屋で「**月に願いを**」(アルバム「**KANIKUBATA**」に菊之露のCMバージョンが収録されている)を聴いてファンになっちゃった。

いきなり古くなっちゃうけど、**喜納昌吉&チャンプルーズ**は外せない。「**ニライカナイPARADISE**」の「**ガイア〜母なる大地**」には英語、ウチナーグチのほかにアイノイタクやムックリがフィーチャーされている。北海道と沖縄のコラボの先駆だ。

宮古島の方言で歌う**下地勇**の歌詞は沖縄人でさえチンプンカンプンなので、北海道人には完璧な外国語なのだ。でもね、声も、ギターも、顔も、生き様もカッコイイんだ。４枚目のアルバム「**開拓者**」も名盤なり。内田勘太郎のギターをフィーチャーした「**ハイアグ**」にしびれた。

「**おきなわのうた第4集**」は西表島の**池田卓**の「**ひとつのうた**」や**アコースティックパーシャ**の「**仲筋ぬヌベーマ**」、**桑江知子**の「**恋島**」、**神谷千尋**の「**美童の旅路**」などバラッド中心の全17曲。

☞「**58ドライブ**」は115頁参照。

民謡出身、**神谷千尋**の「**美童《みやらび》しまうた**」は1曲目の「**さがり花**」からいい。詞は本誌ウチナーグチ講座の**新城和博**だったりして。

きいやま商店「さよならの夏」●フライングハイ●2010年11月発売●1429円●ａｍａｚｏｎで1352円（税込）で購入可（2014年11月現在）

ローリー・クック「月とギターとベランダ」●ハーベストファーム●2005年発売●3000円●新品、中古品ともに現在入手困難の模様……

下地勇「開拓者」●テイチク●2005年7月発売●2380円●ａｍａｚｏｎで1400円（税込）で購入可（2014年11月現在）●全曲視聴も可♀

新良幸人＆下地勇「ＳＡＫＩＳＨＩＭＡミーティング・ザ・ベスト」●2013年7月発売●2857円●高良レコードで3086円（税込）で購入可

ローリー・クック「イッツ・ア・ビューティフル・デイ」●ラブランド●2009年6月発売●1714円●ａｍａｚｏｎにて1736円（税込）で購入可

「おきなわのうた第4集～ＲＥＬＡＸＩＮ～」●Ｍ＆Ｉ●2007年4月発売●2380円●ａｍａｚｏｎで1000円（税込）で購入可（2014年11月現在）

ＨＹ、ＣＯＣＣＯほか「普久原メロディー」●ユニゾン●2011年発売●2800円●ａｍａｚｏｎで2548円（税込）で購入可（2014年11月現在）

Ｈｉｒａｒａ「ＫＡＮＩＫＵＢＡＴＡ」●インディーズ●2009年12月発売●1429円●ａｍａｚｏｎで中古品9800円で購入可（2014年11月現在）

ＢＥＧＩＮ、普天間かおりほか「58ドライブｖｏｌ.３」●ＦＭ沖縄●2005年配布●沖縄ツーリスト（当時）オリジナルＣＤにつき非売品

りんけんバンド、比屋定篤子ほか「さとうきび畑～沖縄のうたヒット・コレクション」●ＳＭＥ●2004年発売●2500円●現在入手困難

喜納昌吉＆チャンプルーズ「ニライカナイＰＡＲＡＤＩＳＥ」●東芝ＥＭＩ●1990年発売●2913円●ａｍａｚｏｎにてＭＰ３のみ購入可

神谷千尋「美童（みやらび）しまうた」●Ｍ＆Ｉ●2003年4月発売●2857円●ａｍａｚｏｎにて2864円（税込）で購入可（2014年11月現在）

# おみやげ パラダイス

現地で作っていない大量生産品を
おみやげに買ってくる旅人は大バカだけど
その島でしか買えない逸品を
買わずに帰ってくる旅人は本物の大バカさ♀
と思うあざらしが実際に買ってきたおみやげたちを
紹介するので、南の島旅の参考にしてね♀

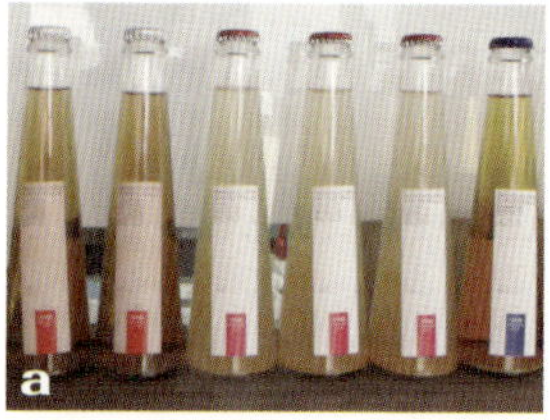

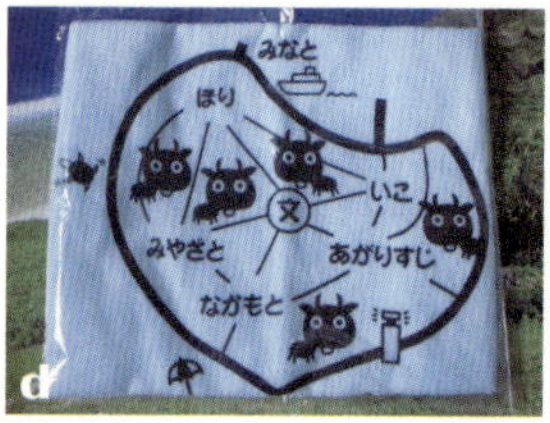

**a** **石垣島ジンジャーエール工房**の**ジンジャーエール**（各税別500円／2011年）。工房のほか、空港売店やギフトショップうくるなどでも見かけた　**b** 波照間島の**星空観測タワー**〈☞66ページ参照〉で買った**手ぬぐい**（400円／2010年）　**c** 石垣島の**天竺**〈☞74ページ参照〉で**三線シーサー**を買ったらオマケでもらった**マンタの箸置き**　**d** 黒島の船客ターミナル**まちや**で買った**タオル**（600円／2013年）　**e** 旧石垣空港の売店で見つけた**芭蕉ほうき**（税別小600円、大800円/2010年）　**f** 黒島の**黒島研究所**で買った**オリジナルラベル泡盛**（請福30度／税別1000円／2013年）。「いつかまたアオーウミガメ」などクスッと笑えるセンスがいい♪

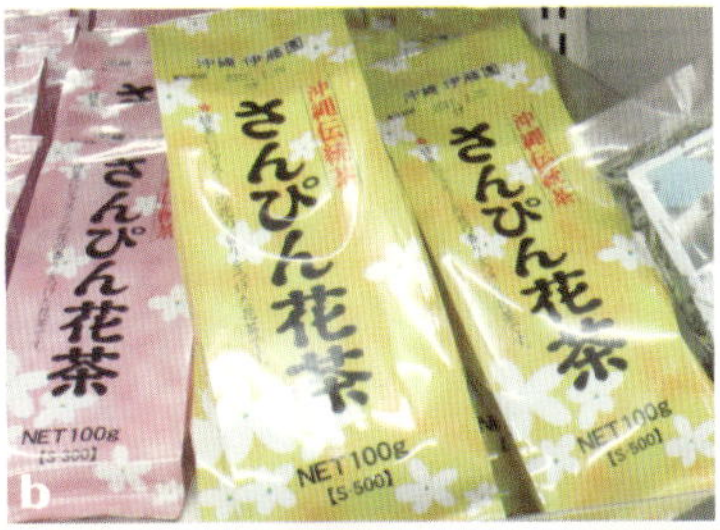

おみやげパラダイス

# 沖縄本島

## OKINAWA ISLAND

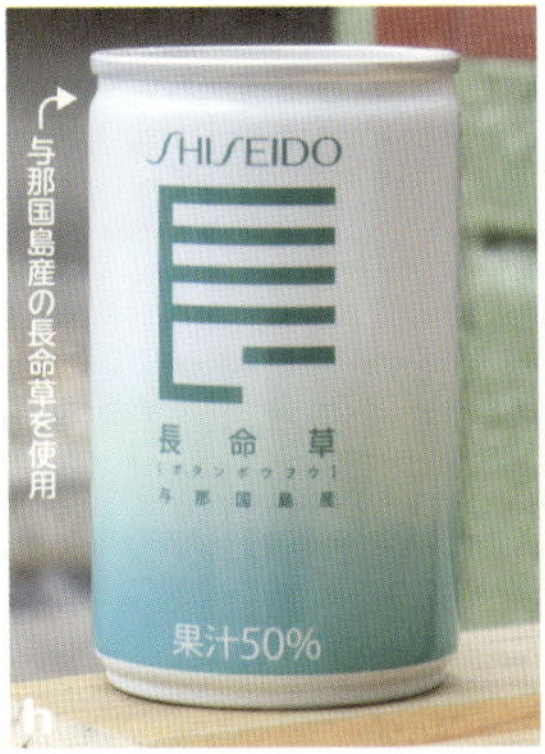

**a**波照間島の共同売店に至るまで沖縄県内で広く売られている**沖縄バヤリース**〈☞沖縄バヤリース問題は98ページ参照〉の**マンゴー20**と**グァバ20**（**150円**／2010年）　**b**同じく西表島の小さな商店まで沖縄県内で広く売られている**沖縄伊藤園のさんぴん花茶**（**480円**／2010年）　**c那覇空港**の売店には**ボーダーインク**など**沖縄県産本**が多数売られている　**d**沖縄限定の煙草**うるま**（**190円**／2010年）　**e**国際通りのローソンで買った**上間菓子店のスッパイマン甘梅一番**（28g **216円**／2014年）　**f**ご当地ヒーローの草分け**琉神マブヤー**（龍神ガナシー）の**チョコクランチ**（**450円**／2013年）　**g**大宜味村の**道の駅おおぎみ**で買った**青切りシークヮーサー原液**（500mℓ **1600円**／2011年）　**h**ドラッグストアーで買った**資生堂の長命草ドリンク**（125mℓ **200円**／2014年）　**i**大宜味村の**道の駅おおぎみ**で買った**やんばる産おおぎみ茶**（**350円**／2011年）　**j**コンビニで買った**沖縄ポッカ**の紙パック入り**さんぴん茶**（946mℓ **200円**ぐらい／2014年）　**k**コンビニで買った泡盛のワンカップ**島ー小ー**（しまーぐゎー）（税別**113円**／2013年）

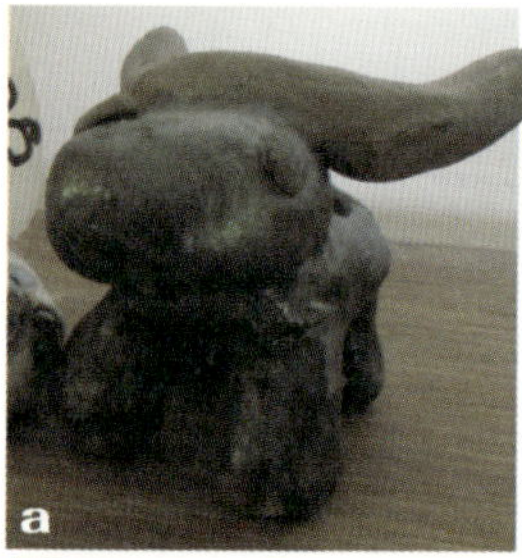
a

b

c

d

おみやげパラダイス

# 石垣島

ISHIGAKI ISLAND

e

f

g

h

i

j

k

**a** 平久保の**太朗窯**で買った**水牛**（500円／2013年）　**b** 白保の**紗夢紗蘿**〈☞31ページ参照〉で買った**あだん葉やもり**（たしか150円ぐらい／2013年）　**c** 同じく**紗夢紗蘿**で買った**石のクマノミ**（50円ぐらいだったと思う／2013年）　**d** 大川の**箱亀**〈☞9ページ参照〉で買った**ペアのシーサー**（2014年）　**e** 大川の**石垣ペンギン**〈☞25ページ参照〉で買った**辺銀食堂てぃさーじ**（手ぬぐい）（税別900円／2013年）　**f** **天竺**〈☞74ページ参照〉の**三線シーサー**（一体3500円／2013年）　**g** **旧石垣空港の特産品販売センター**で買った葉から芽が出る**セイロンベンケイ**（210円／2010年）　**h** 登野城の**うくる**で買った**サンゴの置物**（500円／2013年）　**i** **ゆらてぃく市場**で買った**ヨーガン・レール農園**の**唐辛子**（200円／2012年）　**j** **箱亀**で買ったアカショウビンの**ポストカード**（160円／2013年）　**k** ユーグレナモールの売店**ちゅらさん**で買った**スナックパイン**（1玉100円／2013年）

a

b

c

d

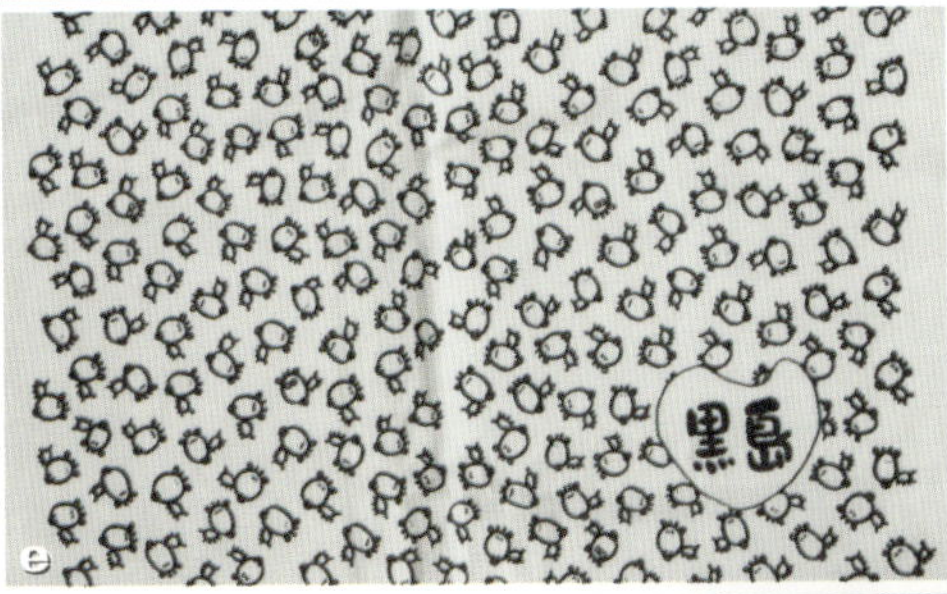

e

f

# おみやげパラダイス

# 黒　島

## HEART ISLAND

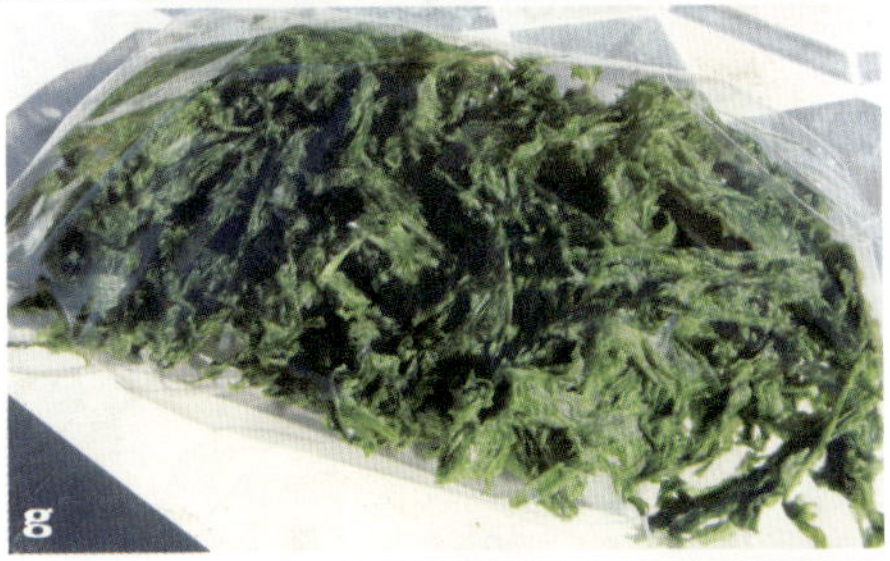
g

h

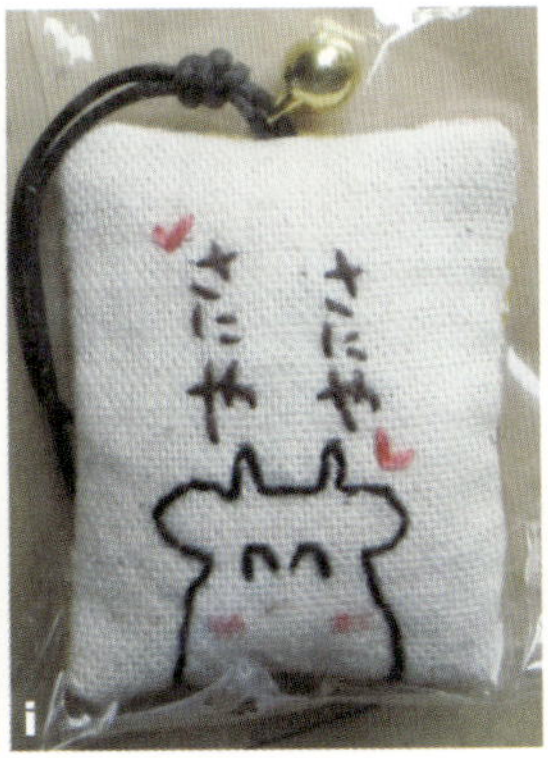

i

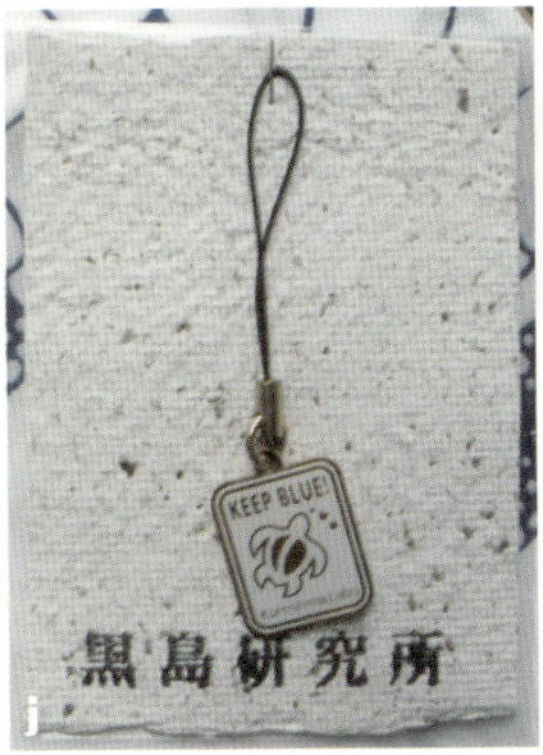

j

k

**a**「黒島に行ってきました。」ラベルの**泡盛**（30度100mℓ**350円**／2014年）は**石垣空港**などでも買える　**b**船客ターミナルの**まちや**で買った**ハンドタオル**（たしか**250円**ぐらい／2012年）　**c**船客ターミナルの**ちんだら工房**（無人売店）で買った**民話の手づくり絵本**（各**400円**／2014年）　**d**ハートらんど〈☞15ページ参照〉で自転車をレンタルしたらもらった**シール**　**e**まちやで買った**タオル**（**600円**／2013年）　**f**黒島研究所で買った**手ぬぐい**（**500円**／2012年）　**g**民宿あーちゃん〈☞15ページ参照〉で買った美味しい**アーサー**（**1000円**／2013年）　**h**まちやで買った**箸置き**（たしか**400円**ぐらい／2013年）　**i**まちやで買った**黒島方言ストラップ**（たしか**350円**ぐらい／2012年）　**j**黒島研究所で2000円以上買い物をするともらえる**アオウミガメのウンチで作った手作りカードと特製ストラップ**（2012年）　**k**ちんだら工房で買った**もーちゃんクリップ**（**400円**／2014年）

a

1曲目に入っている上勢頭同子の「月ぬ美しゃ」はコンドイ浜でのアカペラを収録。しびれちゃいます。

b

c

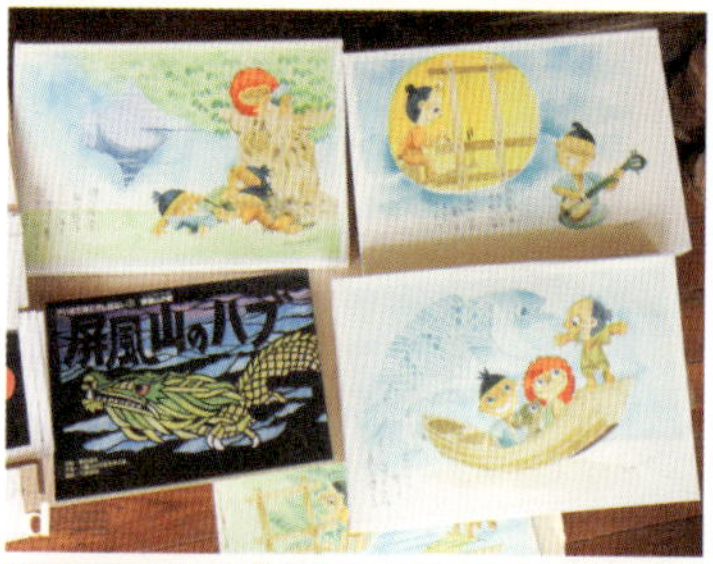


d

# おみやげパラダイス

# 竹富島

## TAKETOMI ISLAND

e

f

このラー油で食べるキトピロ餃子は最高○。北海道と竹富島のコラボ料理なのだ

g

h

エコバッグは375㎜×360㎜。温泉道具入れにピッタリ

i

j

k

**a**港湾ターミナルの**てぇどぅんかりゆし館**〈☞36ページ参照〉で買った**ふがらほうき**（税別2000円／2013年）　**b**港の**ゆがふ館**〈☞36ページ参照〉で買ったCD「**竹富の風**（たきどぅんのかじ）」（2500円／2010年）　**c ハーヤ**〈☞35ページ参照〉で買った**シャコ貝**（小100円、大200円／2013年）　**d**島の思い出屋**あらや**で買った**島のおはなし絵葉書**（200円／2014年）　**e かりゆし館**で買った**シーサースタンプ**（1個360円、3個セット800円／2014年）　**f イナフク**の**福木染ブックカバー**（2100円／2013年）　**g かりゆし館**で買った**竹富島ラー油**（950円／2010年）　**h かりゆし館**で買った**竹富島ぐしシール**（1枚50円／2014年）　**i**ビジターセンター主宰の**素足のツアー**〈☞44〜47ページ参照〉に参加したらもらえた**クバオゥニ**、**島サンダル**、**竹富エコバッグ**の3点セット　**j かりゆし館**で買った**シーサーガーゼタオル**（950円／2013年）　**k かりゆし館**で買った**クバオゥニ**（400円／2014年）

a

b

c

d

←額込みで106㎜×83㎜のミニサイズなのだ
e

f

茶色が一升瓶、透明が五合瓶を模しているのだ

j

g

h

i

# おみやげパラダイス 波照間島

## HATERUMA ISLAND

拾ったサンゴは箸置きとして使うのがお薦めだよ
k

**a** 名石共同売店で買った農事組合法人うれしい農の**はてるまもちきび**（450円／2010年） **b** モンパの木で買った**波照間レターセット**（700円／2010年） **c** モンパの木で買った**革製コインケース**（300円／2010年）と**印鑑ケース**（350円／2010年） **d** 星空観測タワー〈☞66ページ参照〉で買った**タオル**（400円／2010年） **e** みんぴかで買った**額入り版画**（800円／2010年） **f** 星空荘〈☞66ページ参照〉で買った日本最南端の雑誌**ピヌムトゥ**（各380円） **g** 島の南の海岸で拾った**浮き球**（0円） **h** 名石共同売店で買った波照間製糖の**黒糖**（195円／2010年） **i** 同じく名石共同売店で買った**波照間島オリジナルCD**（5曲入り1000円／2010年） **j** 冨嘉共同売店で買った**泡波のミニボトル**（各320円／2010年） **k** ニシ浜で拾った**サンゴ**（0円）

a

b

c

d

e

f

g

h

# おみやげパラダイス

# 西表島＆小浜島

IRIOMOTE ISLAND&KOHAMA ISLAND

i

j

l

k

**a** 西表島の祖納のスーパー星砂で買った**西表糖業の黒糖**（250円／2010年） **b** 小浜島のうふだき荘で買った**サーターアンダギー**（200円／2014年） **c** 西表島の川満スーパーで買った**島茶**（550円／2010年） **d** 西表島のスーパー星砂で買った**黒紫米**（550円／2010年） **e** 小浜島の船客ターミナルのくば屋ぁで買った**小浜島産天然もずく**（390円／2014年） **f** 小浜島のくば屋ぁで買った**やしのきの型染め手ぬぐい**（1240円／2014年） **g** 小浜島のくば屋ぁで買った**さっちゃん黒糖**（150円／2014年） **h** 小浜島のくば屋ぁで買った**おじぃ手作りの竹笛**（3600円／2014年） **i** 小浜島のやしのきの**オリジナル絵葉書**（150円／2014年） **j** 西表島温泉〈☞55ページ参照〉の**タオル**（入場料1500円に含まれたと思う／2010年） **k** 西表島のスーパー星砂で買った**ゆったり歩こう祖納マップ**（100円／2010年） **l** 小浜島のコヨーテで買った**手作りアクセサリー**（500円／2014年）

北海道妄想旅行
新連載
和宇慶いさお@コザ

どうも初めまして。このたびミニコラムを書かせていただくことになりました和宇慶《わうけ》と申します。沖縄本島は嘉手納基地の門前町コザ（現沖縄市）で生を受け、現在も暮らしています。

基本的に沖縄から出ることはありません。というか、那覇に出るのも年に10回ぐらいです。もちろん、北海道なんて行ったことがありません。そんな沖縄でも三本指に入るオタクのわたしに、妄想とはいえ北海道旅行について書いて欲しいとは……。

## ウチナーin網走刑務所

米軍基地で働きながらフォークシンガーとして活躍するひがよしひろさんという方がいます。

高校の先輩にあたるこの方から「網走番外地南国の対決」という沖縄ロケ作品があると教えていただきました。レンタルビデオで見つけたので鑑賞すると、本土復帰前の懐かしい沖縄の風景が保存されたタイムカプセルぶりに感動を覚えたり、物語のぶっとび具合に衝撃を受けたり、タイトルの「網走」と「南国」という組み合わせの不思議さに目が点になったりと、様々な意味でヤラれてしまいました。

ウチナーにとって網走刑務所は北海道を連想させるアイテムのひとつです。広島だと、お好み焼きと共に「仁義なき戦い」を連想するようなものでしょうか。（沖縄を連想する映画に「沖縄やくざ戦争」があるだろと突っ込んでいただいてかまいません）

話は飛びますが、70年代、週刊少年サンデーに連載されていた漫画「男組」（雁屋哲原作、池上遼一画）に北海道の軍艦島刑務所が登場します。中学時代リアルタイムで読んでいたわたしはそこが実在するのか、考え込んでいた思い出があります。刑務所ネタ続きで本当にすみません。

70年代の作品に週刊漫画アクションに連載されていたバロン吉本の「柔侠伝」があります。

起倒流柔術を修め講道館でも活躍する初代主人公の柳勘九郎から、子の勘太郎、孫の勘一、ひ孫の勘平まで続く大河柔道漫画です。大学時代、これを全巻制覇するために複数の漫画喫茶をハシゴした思い出があります。

単なる柔道漫画にとどまらず、主人公たちはその時代の巨悪を相手に仲間たちと闘い続けます。

その過程と描写に引き込まれ、この作品に出会えた幸せを噛み締めたものです。

初代主人公の柳勘九郎は乱暴狼藉を働く博徒の親分を日本刀で刺殺し、網走刑務所へ送られます。そこで出会ったのが「鳥類学者」と呼ばれる小柄な男です。

網走番外地南国の対決
のDVDはamazonとかで
新品3900円
ぐらいで
中古1000円
売ってるぜ
さぶい……

ある日、作業をしていると窓の外に雪が降るのが見えます。勘九郎にとって初めての雪です。「あっ、雪だ〇。」と鳥類学者がはしゃぐと、意地悪な看守が、「そんなに雪が珍しいのなら外に立ってろ」と言います。鳥類学者は降りしきる雪の中、頭と肩に雪を積もらせ凍死します。

それを見た服役者仲間の声。
「あいつは沖縄の出身なんだ」
切ないエピソードです。

もしも、北海道に行く機会があったら、網走刑務所を訪れ、同郷の鳥類学者の霊を弔いたいと思います。わ

# 北海道人のためのそこそこその気になれるウチナーグチ講座

by
沖縄県産本編集者
（ボーダーインク）
新城和博

**あい**　お馴染みの沖縄人が多用する感嘆語。

**あいえなー**　驚いた時の表現。オーマイガッ🗨。みたいな。

**あぎじぇ**　あぎじゃびよーの略。

**あぎじゃびよー**　あれ？って感じ。

**あぎじゃべ**　あぎじゃびよーと同じ意味。

**あこーくろー**　昼間でも夜でもない一瞬の時のしじま。

**あじくーたー**　沖縄的な味の濃さとでもいいましょうか。美味しい味わいのこと。

**あしびぐに**　あしび（遊び）の豊かな地域。ここでいう遊びとは地元の歌踊りなどの芸能で盛り上がることのできる、あの感じ。

**あじまあ**　十字路。紐の結び目のような交差したところ。クロスロード。ある種の力が働く場所なのだ。

**あったんぐゎー**　あっという間に。気付かないうちに。

**あびやー、あびやー**　いろいろ喋っているわけですね。

**あふぁー**　気が抜ける感じ。

**あふぁい**　味が薄い。物足りない。

**あまはい、くまはい**　あっち行ったりこっち行ったり。

**あまんかい、いけー**　あっちに行っちまえー。

**いーそーぐゎち**　ハッピーニューイヤー🗨。

**いいはずよー**　うらやましいぜ、このー。

**いかんぱー**　行かない、行きたくない。「んぱー」を動詞につけると、「……したくない」ということになる。

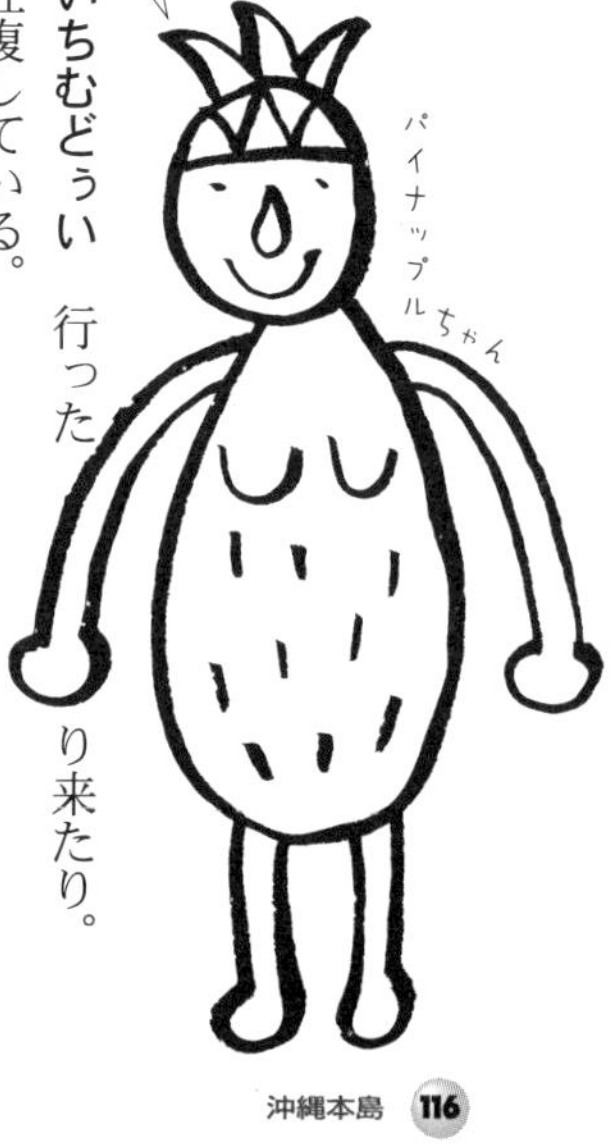


**いちむどぅい**　行ったり来たり。往復している。

**いっせんまちやー**　沖縄的駄菓子屋。ドル時代は1セント（いっせん、と言っていた）で子供の欲望のほぼすべてが手に入ったからその名が付いたらしい。

**いなぐ**　女性。男は**いきが**。

**いなぐめーさー**　めーさーはへつらう者、おべっかをつかう者のこと。決してほめ言葉ではない。しかし、あえて、ぼくは「女性贔屓《びいき》」と思う。

**いのー**　リーフの内側の浅い所。礁池《しょうち》などと言う。いろんな生物がいるので、潮干狩りしたりする範囲。

**いふーなー**　ちょっと変な感じ。

**いらぶちゃー**　ぶだい。刺身などが美味しい魚。初めていらぶちゃーを釣った時の感動は忘れられない。

**いんぐゎーうとぅるー**　いんぐゎーは犬、うとぅるーは怖がりやさん。**とぅじうとぅるー**という言葉もあるが、それは実は愛妻家というニュアンスの方が強いハズ。

**ぅいっちゃー**　酔払い。軽く「ぅ」を意識して発音するといい。「ふらーひゃー。わーの酒が飲めんばー🗨」とか「あんたよー。変な顔してるー、きゃははは」とかいう。

**うーとーとー**　正式にはウートートゥかな？　お祈りの文句で、お祈りすることの総称として使われたりしてる。

**うかみ**　御神。神様です。

**うがんぶしく**　祖先、神様への御願を怠っているので、いろいろ身辺に良くないことが起こっている状態。

**ウシェーられていた**　ばかにされていた。なめられてた。

**うちなー**　沖縄。

**うちなーぐち**　沖縄の言葉。

**うちなーんちゅ**　沖縄の人。

**うとぅなしくそうてぃ**　大人しくしていてね。

**うみあっちゃー**　海を歩く人。つまり**うみんちゅ**。つまり漁民。農民は**はるあっちゃー**、**はるさー**。

**うむさん**　面白いなぁ。

**うりずん**　那覇栄町にある観光客がよく来る呑み屋、もしくは旧暦2、3月の頃、大地が瑞々しさを取り戻し、麦の穂が出てくるような、さわやかな時期。若夏の手前。

**ぅわーかじゃー**　豚の臭い。豚を表す「ぅワー」という発音は今や沖縄人にも難しくなってきた。

**えいさー**　エイサー、エイサー、ヒヤルカヤイサー、スリサーサー、スリ〇である。7月盆に行われる青年たちのダンスパレード。

**かじまやー**　数えで97歳のお祝い。数々の生年祝いトゥシビーを経てきたかじまやーのおじぃおばぁは人生のグランドスラマーといっていいかもしれない。

**かじゃー**　匂い、臭い、香り。

**かじゃでぃふう**　かぎやで風。祝いの席には欠かせない古典的な踊り。

**かたぶい**　雨が一部の限定された地域のみくっきりと、ざーざー降る気象状態。

**カチミられたり**　掴まえられたり。

**かちゃーしー**　沖縄の慶びを表すダンス。

**がってぃんならん**　納得できない。今の沖縄の気持ち。

**かびじん**　御願をする時に使用する、あの世の紙のお金。うちなー線香とともに欠かせない。ウートートゥーして燃やすのだ。

**神あしゃぎ**　大切な御願所。ここで祝女《のろ》さん神女《かみんちゅ》さんたちが島の儀礼をこなしていく。村の宗教的中心地。

**からひさ**　裸足。

**きーまー**　毛深い人。

**ぐそー**　あの世。

**くんぐとぅ、わかいみやー**　そんなこと分りません。んなぁこたぁ、知るわけねーだろ。

**げー**　人の意見に反対することを「ゲースン」というけど、多分それと一緒のはずよ。

**慶良間や見ーしが、まち毛や見ーらん**　説明するのも恥ずかしいほど有名なことわざ。灯台元暗し。最近は「まち毛も見ーらん、慶良間も見ーらん」という感じ。

**さーたーあんだぎー**　砂糖天プラ。沖縄のお菓子のスタンダード。

**さったるばすい**　やられてしまったのか。

**じーぐるー**　地黒の人。

**しーみー**　清明祭。旧暦3月の頃、清明の節に行われる。墓に親族縁者が集まって、ピクニックのように、重箱につめた行事料理をつついて、祖先を交えて楽しく過ごす。

島によって方言は
全然ちがうんだよ
ぼくは与那国馬だよ

**シカサれて**　おだてられて。「シカす」には子供をあやすという意味もある。
**シカラーシクなって**　妙に心寂しくなって。
**しかんだ**　びっくりした。
**したいひゃー**　やったね、という感じで、つい思わず口をついて出てくるのだ。
**しま**　故郷。村落。
**しまー**　島のもの。島の人も島の酒もみんなしまー。
**しまむにー**　島独特の喋り方。
**しむさ**　いいよ、もう。
**しらんぐゎーしー**　知らないふりをする。ぐゎーしーは、「……するふり」という意味。
**しわ**　心配。シワするとしわが増える。
**すーぎきー**　それとなく聞き耳を立てる。
**すーじ**　小さな路地道。
**すーてー**　もったいないので、一時取っておいて、大切に使うこと。
**すーみー**　それとなく見る。隠れて、こそこそと。
**すがい**　姿。ちゅらスガイといえば、きれいな格好。
**すく**　アイゴの幼魚。旧暦6月1日頃の大潮の時、大群で浜に押寄せる。それを捕まえて塩漬けにしたのがスクガラス。しかし、スクは捕れ立てを生で酢醤油で食べるのが一番美味しい。スクスク育つとエーグヮーになる。
**たーち**　ふたつ。二個。**たーちかんぱち**というと、ふたつのちいさなハゲ。
**だーる、だーる**　そうだ、そうだ。「**やさ、やさ**」もある。
**たまし、ぬぎたっさー**　たまげる。魂が抜けるぐらいびっくり。でもそんなに大ショックでなくても、口癖のように使う場合もある。
**ちぶる**　頭。頭が大きい人は**ちぶるまぎー**。
**ちむぐりさん**　心苦しい。せつない。かわいそう。
**ちむわさわさー**　胸騒ぎ。
**ちゃーすが**　どうする？
**ちゃらみかして**　料理の際、油などで炒めるとチャラミカシテとなる。
**ちゅーかー**　急須。
**ちゅらさ**　美しさ。沖縄の唄には欠かせない言葉である。
**ティーウサーしています**　お祈りしてます。
**てぃーだかんかん**　太陽が激しく照りつけているさまを表す、ピッタシカンカン的な言葉(古い)。
**てーげー**　おおまかに。あまりにも使いふるされた、反省しなくてはいけないオキナワキーワードである。
**でーじ**　とても。ベリー。
**どぅーちゅいさーに**　自分一人で。ひとりごとが**どぅーちゅいむにー**。佐渡山豊の「どぅーちゅいむにー」という名曲を北海道のみんなに聴いてほしいです。
**とぅじ**　妻。漢字にすると刀自。
**とぅすぃんちゃー**　お年寄りたち。若い人は**ワカムンチャー**。
**とぅるばる**　ぼーっとする。
**とーとーめー**　ご先祖様。位牌。トートーメーにウートートゥするわけ。月のこともトートーメーという。

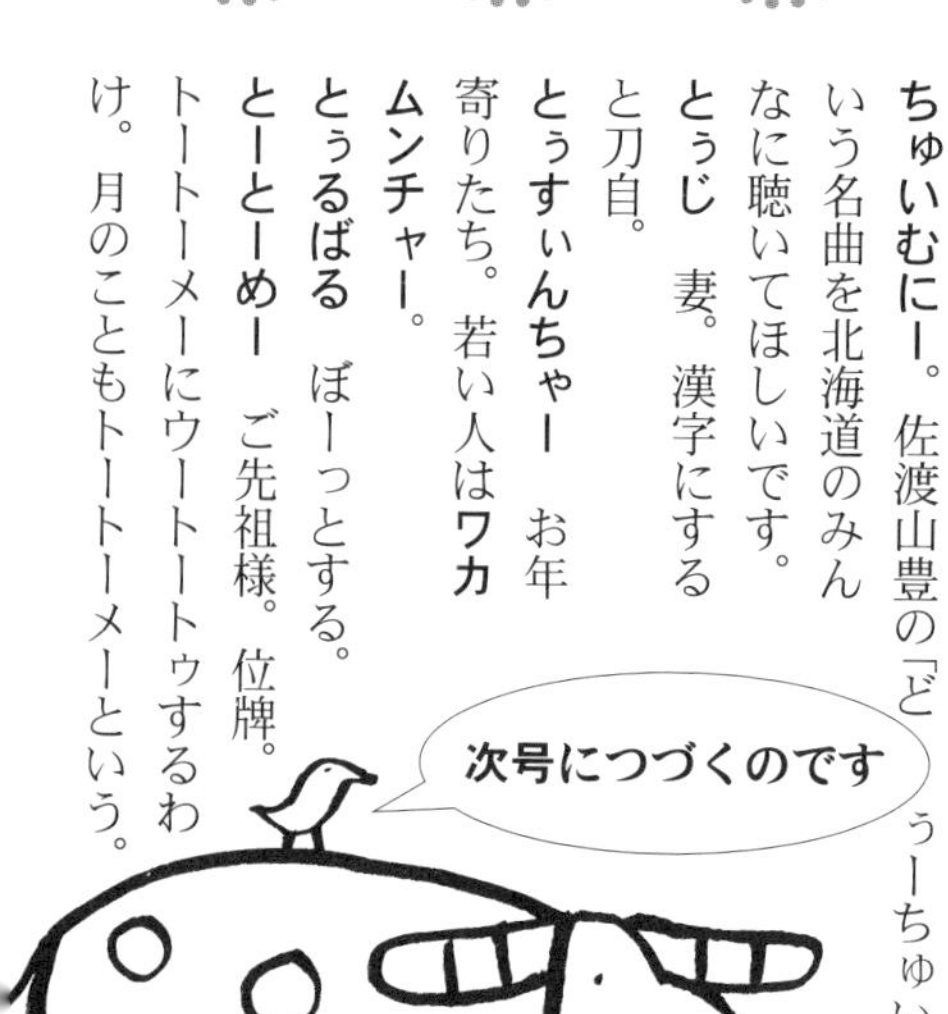

# うちなーコラム②

【かっちゃんとシンキ】

ベトナム戦争が泥沼化する中、沖縄に駐留する米兵たちが渇望したのが激しいロックだった。1971年にデビューしたコンディショングリーンはシンキのジミヘンばりの超絶ギターと、ハブを食いちぎったり演奏中のシンキを肩に乗せてクルクル回るかっちゃんのステージパフォーマンスで、そんな米兵たちの度肝を抜いた（紫は翌年、メデューサは3年後の1974年にデビューする）。

そんなオキナワンロックのレジェンド、かっちゃんとコザのゲート通りで偶然出会ったのは2012年1月のことだ。かっちゃんはおれたち3人（あざらしと和宇慶先輩と亀和田武さん）のためだけに、自分が経営するライブハウスJACK NASTY'Sを開けて、スペシャルライブで酔わせてくれたんだ。今思い出しても夢のような時間だったよ。※1

その数カ月後、かっちゃんはJACK NASTY'Sを閉店して、音楽活動にピリオドを打ったんだけど、周囲はそれを許さなかった。

たとえば2013年にはビギンの比嘉栄昇が自らのプロデュースでアルバムを製作したいとかっちゃんを口説いて、2014年7月、「KATCHAN O(ラブ) songs」というアルバムが発売されていたりする。ビギンの栄昇もかっちゃんに惚れ込んだんだね。

話は変わって先日のこと。HBCラジオの敏腕ディレクター、サワデー※2に誘われて、狸小路5丁目にあるちゅらうたやという沖縄料理店に呑みに行ったんだ。30人も入れば満員の小さな店内には音響のよさそうなステージがあって、なんと♀。ステージの壁には新良幸人、八重山もんきー、やちむん、下地勇など、沖縄の人気ミュージシャンたちのサインがびっしりと書かれているんよ。

きいやま商店のサインもあるぞ♀。アッサンビロー※3♀。これはどーいうこっちゃ? と店主のトニーこと洲鎌亨に話を聞くと、那覇で生まれ育ったトニーが沖縄でホテルマンをしていた時、一人の女性と恋に堕ちたそうな。彼女は白老出身。ということで、結婚の挨拶のため2007年に初来道。新居を札幌に構え、2年ほどがじゅまる食堂で働いて、2010年1月11日、三条美松ビルの地下に本格的な音響設備を完備した琉球処ちゅらうたやをオープンさせたところ、気軽にライブができる店として沖縄のミュージシャンたちの間で広まったそうな。

で、話はそれだけじゃないんだ。「ぼく、シンキの弟なんですよ」って。へ?

なんと、トニーはコンディショングリーンの天才ギタリスト、シンキの弟（7人兄弟の末っ子）ってことで、またまたアッサンビロ〜♀。という話でした。

※1……この夜のエピソードは亀和田武さんの「夢でまた逢えたら」（光文社）に詳しく書かれてるので読んでね♀ ※2……「ぶぶまるくんのいい旅談話室」（海豹舎）にサワデーこと澤出寛の初エッセイが載ってるよ♀ ※3……ぶったまげたー、みたいな感嘆語

## あざらしのウチナーエッセイ

# 沖縄のTAXIに気を付けろ!!の巻

もう10年も前の話なのに、固有名詞をハッキリと覚えている。それほど衝撃的な出来事だったんだろうね。

その夜、おいらはタクシーに乗っていた。といっても、歩いても10分もかからないようなわずかな距離ね。まだ、那覇の国際通り周辺の地理に不慣れだったので、居酒屋から居酒屋への移動の折、軽い気持ちで一台のタクシーに乗り込んだのです。

シーサータクシー。いい名前でしょ。運転手の名前は金城某《きんじょうなにがし》。典型的なウチナー姓だなぁとぼんやり思いながら、ほろ酔い加減の頭で、つい今しがたまでいた居酒屋での出来事を振り返っていた。

入った瞬間、店の雰囲気がダメだった。黒いテーブル席だけの小洒落た店で、客層は気取ったねーちゃん中心。そんな苦手な空間に、東京や岡山や秋田の出版関係者（その後、大変お世話になったり、親しくなる人たち）がいて、少し遅れて到着したおいらに沖縄の料理の説明をしては泡盛を薦めてくれた。那覇での出版イベントの打ち上げということで、みんな楽しそうだったけど、せっかく沖縄にいるのに地元のメンバーが一人もいない違和感に耐え切れなくなったおいらは小一時間でおいとまして、地元出版関係者たちが打ち上げをしている別の居酒屋へと移動するために、深く考えずにタクシーに乗り込んだんだんよ。

沖縄のタクシーは料金が安いし、台数も多いし、札幌みたいにタクシー乗り場にうるさくないので、観光客、地元民問わず、利用頻度は北海道の三倍以上だ（と思われる）。運が良ければ、個性豊かな運転手が到着地まで楽しい会話をして南国気分を盛り上げてもくれるしね。シーサータクシーの金城某もそうだった。

「お兄ちゃん、仕事は終わったのかい？」

この夜のおいらはどう見ても、スーツ姿とはほど遠いヤクザな服装だったけど、金曜の夜だったので、そう話しかけてくれたのだろう。人懐っこいイントネーションに心を許して、いろいろ話してしまったさ。

「北海道からわざわざ来てくれたんだからさ、沖縄の夜に、特別な思い出のひとつも作っていかないかい？」

ん？　特別な思い出？　なんだろ？

「沖縄娘はプレイが濃厚だよ」

ん？　プレイが濃厚？　何を言ってるのだ、このおっちゃんは。風俗の斡旋かよ。冗談じゃないぞ。自慢じゃないけど、そのての店には一度も行ったことがないのだよ、おいら。客引きの口車にまんまと乗せられるほどの田舎もんじゃないいってば。気が付くと、シーサータクシーは指定した居酒屋の前に停まっていた。

「友だちが待ってるんで、また今度」

そう言って、タクシー代を渡したおいらに金城某は
「なんも、乾杯だけして、用事があるからって店を出たらいいでしょ。おじさん、ここで待ってるからさ、義理だけ果たして出ておいでよ」

「そーしようかな。てへへ」

そーしようかな、てへへって、おれ、まんまと口車に乗ってたりして。南国に行った独身北海道男に浮かれるなって言う方が無理ってもんだぜ(苦しい言い訳)。

階段を上がると、落ち着いた風情の店内では地元の出版関係社や地元新聞社の出版担当、マスコミ関係者が盛り上がっていた。うん。この感じだよ、おいらが求めていたのは。いいねぇ。いいんだけどさ、おいらには風俗初体験ｉｎ沖縄という重大なミッションが残されているので、できるだけ深入りしないよう、目立たないよう、入り口近くの壁にもたれて、同じように、みんなの輪に入れずに一人で飲んでいた同世代の男性相手に静かに飲み始めた。

実はこの同世代、コザのWさんというおいらより一歳先輩の沖縄でも一、二に入るオタッキーな人で、古い漫画の話でいきなり盛り上がっちゃったんだけど、外にシーサータクシーを待たせているので、「海商王」の話をしていても、おいら、気が気じゃないんよ。

どのタイミングで出るべきか……と思案していたら、そんなおいらの不自然な挙動を沖縄の出版人、新城和博は見逃さなかったね。

「あざらしくん、昼間はあんなに大騒ぎして、ぼくたちの北海道人の寡黙なイメージを見事に壊してくれたのに、今夜は妙に静かで怪しいよ。どーしたの？」

「ギクッ。実は……」と、シーサータクシーの金城某の勧誘に負けて、今、外にタクシーを待たせているのでソワソワしていたことを告白すると、場内大爆笑。

「あのね、あざらしくん。沖縄のそーいう店で働いている人は大阪あたりから流れてきた人ばかりだよ」

ええっ、そーなのぉ。沖縄娘はプレイが濃厚って噂だったの。よさそうな運転手さんだったのにぃ……。

「まだ、あんなこと言ってるよ。これは罰ゲームが必要だね。そんなにキスしたいんなら、今、仲良く話していたWさんとキスしたらいいよ」

いやいやいや、それはダメでしょ。だいたい、W先輩だって、男同士のキスなんてイヤですよね。

「ぐふふ」

ぐふふって、なんなんだよ～。

そこは明確に拒否しろよ～。

結局、キッス、キッス、キッスという指笛交じりのキッスコールには抗えず、おいらとオタッキーW先輩は特設お立ち台で熱い口づけを交わしたのでした。

沖縄初キス相手のW先輩とはその後友情が芽生えて、一緒にライブを見に行く仲になったのです。めでたし、めでたし？

北海道人にオススメする

# 南の島本

北海道で暮らしていると**南の島の本**って、るるぶとかじゃらんみたいな東京発信のガイド本ぐらいしか目にしないけど、人口543万人の北海道に県紙が一紙しかないのに対して、人口141万人の沖縄には県紙が二紙あるし、石垣島にさえ二紙あることからもわかるように、南の島は出版文化が盛んで、いい本もいっぱい出ている。

そんな地元本も含めて、あざらしが選んだ**南の島本**を紹介するね。

沖縄に移り住んで約30年になる写真家の**タルケン**こと**垂見健吾**の「**沖縄島旅案内**」（文藝春秋／2012年3月発行／1350円）は沖縄本島の楽しいガイドブックだ。

松尾の**てだこ亭**や久茂地の**寓話**などの有名飲食店もしっかり押さえてあるし、お薦めビーチなど美しいカラー写真が満載なので「前回は二泊三日のツアーで沖縄に行ったけど、今度は自分で計画した沖縄旅をしたいなぁ」と思っている人には最適の一冊なのです。

**タルケン**さんとは浮き球野球の全国大会で何度か遊んでもらったけど、あざらし率いる「西野くまくま団」の白衣女子たちにもサービス精神旺盛な陽気なおじぃでした。

**北海道いい旅研究室**の連載コラムでおなじみの**新城和博**の著作は北海道人がリアル沖縄を知るための入門書として最適な一冊だ。中でも、「**《太陽雨》の降る街で**」（ボーダーインク／1996年7月発行／1456円）は発売して20年近く経っているけど、内容は全く色あせていないので、行きの機内で読むのもいいいし、沖縄からの帰りの機内で読むと、旅の味わいが深まるようでうれしくなっちゃうよ。

「沖縄島々旅日和〜宮古・八重山編」（新潮社／2003年4月発行／1300円）はあざらしにとってはバイブル的な一冊なのです。

波照間島、池間島、水納島などなど紹介されている島々も素敵だけど、池澤夏樹、椎名誠など執筆者の顔ぶれもたまらない。タルケンの写真も大活躍だ。あくまでも東京目線の南の島ガイドだけど、武田ちよこ編集長の柔らかな陽射しのように優しい巻頭言が、南の島の青い空へと誘ってくれる。

2009年に休刊した「月刊うるま」（三浦クリエイティブ／1998年創刊／743円）は本当に素晴らしい沖縄発の雑誌だった。

初代編集長の田崎聡（のちに「沖縄スタイル」を創刊）のビジュアルにこだわった編集方針は大正解で、その路線を継承した浦崎晃編集長の時代の、たとえば下写真の竹富島特集号（2007年4月号）などは情報が質量ともに感動的で、どれほど旅の参考にしたことだろう。

沖縄の元気を伝える亜熱帯マガジン、という惹句もいいなぁ。沖縄の古書店で見つけたら即買いだ。

「Coralway」（1985年創刊／年4回発行／457円）は沖縄本島と石垣島などを結ぶJTAの機内誌なんだけど、定期購読も可能だ。武田ちよこ編集長に以前聞いた話では北海道には定期購読者が三人いるとのことで、うち一人があざらしで、この本の校正担当の森林も定期購読者だったりして。すごい確率でしょ。仲村清司の「数字で読むオキナワ」などの読み物もいいし、「小さな島の小さな食堂」など実用記事も満載♀

石垣島の南山舎が発行している「月刊やいま」（1992年創刊／417円）は日本最南端の雑誌だ。

発行人の上江洲儀正も編集長の福里淳も八重山人《やいまびとぅ》だけあって、内容は暮らしガイドから求人まで徹底した地域密着。なんだけど、飲食店情報も多いし、毎号、巻末に八重山の各島の地図も載っているので旅の参考書としても大いに活用できる（経験談）。島の歴史や文化もおなかいっぱい学べるしね。

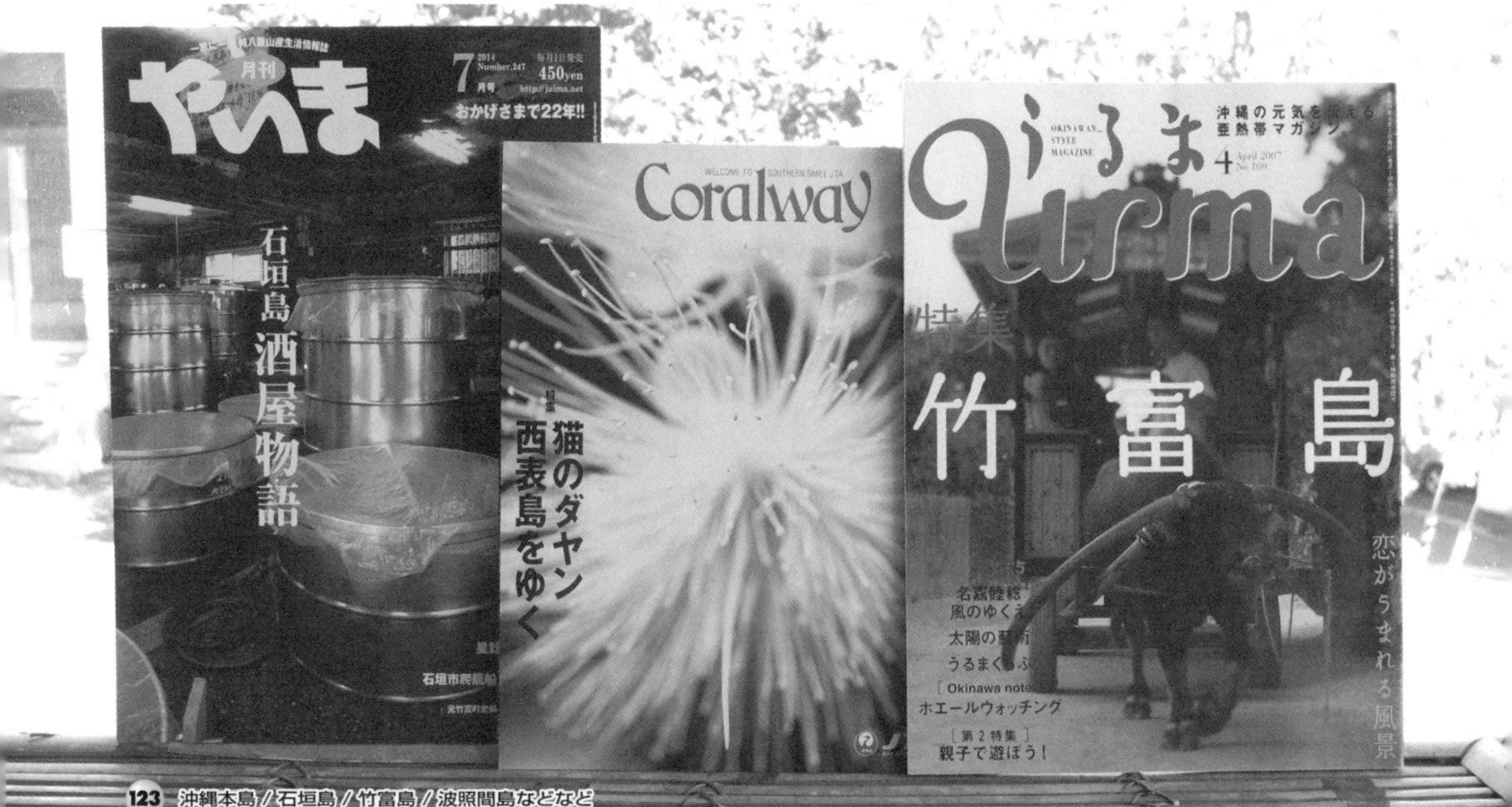

北海道人をその気にさせちゃう

# 南の島シネマ

沖縄を舞台にした映画は100本近くあるので、今回は新旧玉石チャンプルーで「島別」に選んでみたよん!!

沖縄本島

日本復帰直前の沖縄本島を幻想的に描いた全編ウチナーグチ（日本語字幕）の珠玉の名作

## ウンタマギルー　1989年

脚本・監督●高嶺剛
音楽●上野耕路
出演●小林薫、戸川純、平良進、青山知可子、照屋林助、エディ（コンディショングリーン）
上映時間●120分

沖縄の民話運玉義留《うんたまぎる》を1972年の日本復帰直前、米国統治下だった時代に置き換えた全編ウチナーグチ＝日本語字幕の幻想的名作。

二重支配の下でサトウキビ絞りをしている兄**ギルー**（**小林薫**）は盲目の**親方**（**平良進**）が溺愛する**マレー**（**青山知可子**）や片金玉の**アンダクェー**（**エディ**）と共に**運玉森**に逃げる身となり、二枚目の**キジムナー**に特別な能力を授けられる。

権力者（劇中劇では薩摩藩）や米軍から盗んでは貧しい百姓に金品を恵むことで庶民の英雄になる、という単純な話のはずなのに、動物占いに凝る娼婦の妹**チルー**（**戸川純**）や美しすぎる**マレー**の妖艶さが観る者の思考を麻痺させる。**かっちゃん**や**藤木勇人**など脇役も豪華だ。**田村正毅**の完璧なカメラワークは必見。

●なんと、DVDもBDも**未発売**なのです●唯一入手可能なのはレンタル落ちした**中古のVHS**のみ●amazonだと**5000円～8000円**で入手可能。高すぎるよね……

粟国島

沖縄芸能の大御所たちも活躍する新世代沖縄エンタメシネマの先駆的名作

## ナビィの恋　1999年

監督●中江裕司
脚本●中江裕司、中江素子
音楽●磯田健一郎
出演●西田尚美、大城美佐子、平良とみ、登川誠仁、平良進
上映時間●92分

たとえば有名な冒頭の場面。最初に観た時、曇り空に違和感を覚えた。冒頭だけじゃない。全体的に曇りが多い。予算の関係で青空を待てなかったんだと勝手に思っていた。けど、それはステレオタイプな沖縄像だった。曇ってるからこそのリアリティがむしろいいんだ。

ノーヘルでバイクに三人乗りする東南アジア的な緩さ。「バンシルさー」という**奈々子**（**西田尚美**）の台詞。古い石垣。つながれた山羊。瓦屋根にシーサー一頭の古民家。八重山のように見えるけど、沖縄本島の離島、**粟国**《あぐに》**島**が舞台だ。国頭ジントヨー。月《つき》ぬ美《かい》しゃ。トゥバラーマ。全編を通して効果的に使われている音楽もたまらなくいい。**ナビィ**（**平良とみ**）と**サンラー**（**平良進**）がウチナーグチで逢い引きする場面は外国映画みたいだよ。

●定価5400円の**DVD**（2000年発売）はamazonで新品**4475円**、中古**2000円**前後で入手可●ブックオフオンラインだと**1800円**で買える●定価5040円の**BD**（2009年発売）はamazonで**3691円**で入手可

**映画としては拷問的な駄作だけど**
**少し前の竹富島の風景に出会えるのです**

## 星砂の島、私の島　2004年

**竹富島**

原作・監督●喜多一郎
脚本●喜多一郎、堀江慶
主題歌●BEGIN
出演●大多月乃、津田寛治、櫻井淳子、谷啓、勝野洋
上映時間●114分

服の色まで「ナビィの恋」を模した冒頭から不自然すぎる。最初の10分だけでも突っ込みどころが山ほどあるぞ。ヒロインのモノローグ、「○○なのだ」という言い回しも生理的にダメだ。11分で限界。普通の映画ならここで見捨てるけど、**12年前の竹富島**が舞台なので、少し前の島の風景を観たくて拷問を続行した。

安っぽい展開、安っぽいBGM、安っぽい映像に死にかけた40分ごろ、**なごみの塔**から鳥瞰した町並みが映る。**イナフク**も**小山静さんち**もあるけど、**しだめー館**は空き地だぞ。

50分ぐらいからやっと島の描写が普通になって少しだけ見やすくなる。あっ、**蒐集館**の**上勢頭芳徳館長**だ。**同子さん**も出てるぞ。後半は知ってる顔も出てきたし、**旧石垣空港**も懐かしかったので我慢したかいがあったかも。

●定価3780円の**DVD**（2004年発売）がamazonだと**3186円**だけど、ブッオフオンラインの中古**498円**、もしくはレンタルで十分

**始まってすぐ泣きそうになっちゃった**
**絵も音も空気も優しい極上シネマ**

## カフーを待ちわびて　2009年

**浜比嘉島 古宇利島**

監督●中井庸友
脚本●大島里美
原作●原田マハ（宝島社）
出演●玉山鉄二、マイコ、沢村一樹、白石美帆、高岡早紀
上映時間●121分

なんて美しい映画なんだろう。手持ちで少しだけぶれるのも含めてフレームも完璧だ。

始まりからすべてがいい。絵も、音も、言葉も、空気も。悪ガキどもが「ニーニー」と慕う場面も、「中休み」の札も、夜の古民家も、アングルの良さが映像を詩に近づけている。

ハンディキャップを持って、もてなくて、パッとしない**明青**（玉山鉄二）はダサダサのTシャツを着て、髪の毛ぼさぼさで、不精ヒゲを生やして、ぼーっとしててもいい男だ。そして、優しい。音楽もいいぞ。たとえば**幸（マイコ）**からの手紙を読む場面。ジーンとしちゃったよ。**ほんこん**や**宮川大輔**といった脇役もいい。結果、みんないい人に見せるのは簡単なようで難しいからね。ウチナーグチ全開なので字幕比率が結構高めの珠玉の名作だ。

●定価5076円の**DVD**（2009年発売）はamazonだと新品**4530円**、中古**1270円**、中古（レンタル落ち）は**498円〜1500円**で入手可

**椎名誠の小説を大人計画の細川徹が**
**監督したお気楽オバカムービー**

## ぱいかじ南海作戦　2012年

**西表島**

脚本・監督●細川徹
原作●椎名誠（新潮文庫）
出演●阿部サダヲ、永山絢斗、貫地谷しほり、佐々木希、ピエール瀧、斉木しげる
上映時間●115分

紹介する5本の映画の舞台となる島を別にしたかったので少々強引に選んでしまったよ。ロケをしたのは2011年11月ということで、ほどよい気候の**西表島**が描かれている。んだけど、**船浮**とか**祖納**とか**上原**はほとんど出てこないんよ。映画の大部分は島南岸にある**南風見田**《はえみた》**の浜**や**大富集落**で撮影されている。

原作が**椎名誠**アニキ、監督がお笑い系放送作家ということで、感動とか涙は全然ないし、島の民謡とか文化とかそーいうのも一切なし。リストラされて妻にも逃げられた広告カメラマンがホームレスたちと一緒にキャンプをする話なので、島民との触れ合いも一切なしね。

キャンプや車中泊の旅はよそから来た人と親しくなるばかりで実は何も見ていない、というおいらの持論を地で行く内容だったぞ。

●定価3780円の**DVD**（2013年発売）はamazonだと新品**2800円**だけど、**1000円前後**で入手可能な中古品もしくはレンタルで十分

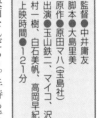

# 北海道人じゃなくても気になる

# 南の島NEWS DIGEST

## あやぱにモール消滅　ユーグレナモールへ

**【2010年3月14日／石垣島】** 石垣市中央商店街振興組合が中心部にある商店街の命名権（ネーミングライツ）を東京のユーグレナ社に譲渡したため、約30年にわたって市民に親しまれてきた日本最南端の商店街**あやぱにモール**は消滅。**ユーグレナモール**が誕生した。

　譲渡の理由はもちろんお金だ。**あやぱにモール**のアーケードは1987年とその翌年、組合が国から**約2億3000万円**を借りて設置。当初は順調に返済していたんだけど、客離れなどで店舗の廃業や移転が相次ぎ、**約9500万円**を滞納したまま返済の財源がなくなったため、2008年10月に命名権の譲渡を決定。石垣市でユーグレナを培養しているユーグレナ社からの打診を受けて名称変更に踏み切ったのでした。

**〈あざらし解説〉**

　譲渡額は発表されてないけど、その後の**ユーグレナモール**という固有名詞を目に耳にする頻度を考えると、日本初の商店街のネーミングライツは結果的に安い買い物だったんじゃないかな。実際、当初の二年契約が二度も更新されているしね。

　2010年の改名当初は夕暮れっぽい寂しい印象があったり、そもそも**ユーグレナ**って何?という戸惑いもあったけど、2014年の流行語にノミネートされるなど今では多くの国民に認識されている言葉だよね。

　ちなみに、**あやぱに**は漢字で書くと**綾羽**。八重山民謡の**鷲ぬ鳥節**《ばすぃぬとぅるぃ》の発祥地と隣接することで名付けられた。

　夜、飲み歩いている時に突然のスコールでずぶ濡れになりそうになったところをこのアーケードに何度も救われたし、**パーフェクトグリーン**というユーグレナのカプセルを2カ月ほど飲み続けたら宿便が出て腸内がスッキリした気がするので、旅人としてもユーグレナ社に感謝する次第なり。

## 南極で三線を弾いて　西表島でダンス!?

**【2010年6月3日／西表島】** 第51次日本南極地域観測隊が駐留する**昭和基地**と、**西表小中学校**を結ぶテレビ会議に2009年まで**西表西部診療所**に勤務していた岡田豊医師が出演して、

# 北海道人じゃなくても気になる南の島NEWS DIGEST

学校に集まった子供たちや診療所のスタッフたちと再会を喜んだ。「南極教室」のあと、岡田医師が**昭和基地**で弾く三線に合わせて、西表島の児童生徒がダンスを踊り、**昭和基地**でも28人の隊員たちがカチャーシーを踊ったのでした。

**〈あざらし解説〉**

　第51次日本南極地域観測隊といえば、いい旅メンバーの戸田仁が通信隊として参加してたり、あざらしも**記念タオル**をデザインしたりして間接的に関係してるし、このテレビ会議の四日後に**西表小中学校**の子供たちと島で会ってるので、勝手に親しみを感じたのです。

## 原油高騰で離島間の運賃大幅値上げ

**【2011年3月10日／八重山各島】** 原油価格の高騰を受けて、竹富町内を運航する波照間海運以外のフェリー3社はこの日から**90円**(竹富航路)～**300円**(上原、鳩間航路)の燃料油価格調整金を加算。平均**15%**運賃を引き上げた。

**〈あざらし解説〉**

　中東情勢の悪化でガソリンが1ℓ150円台、この10日後には1ℓ170円に高騰した時なので、運賃値上げもやむなしって感じだったけど、平均**15%**の値上げは住民には大打撃だよね。

　一方、2015年春から離島ターミナルをベースに**EV船**(電気推進船)を商業運航するなど石垣市としても脱化石燃料を模索中だ。離島住民のためにも中東情勢に左右されないEV船の大型化と普及が待たれる。

## 小浜島の新製糖工場遅れに遅れて完成

**【2012年3月30日／小浜島】** 事業手続きの複雑さや長雨の影響で遅れに遅れていた**小浜島の新製糖工場**がやっと完成。操業を開始した。本来、製糖工場の操業期間は1月～4月なので、遅れの影響が懸念される。

**〈あざらし解説〉**

　知らなくて当然だけどサトウキビの収穫は冬なのです。なので、**石垣島のぱぱや**に6月に行っても自家製黒糖はとっくに売り切れ。黒糖にも旬があるのでした。

## 波照間海運の破綻で農機具が動かない!?

**【2012年6月1日／波照間島】** 石垣－波照間航路で貨客船**フェリーはてるま**を運航していた**合資会社波照間海運**が事実上破綻して6月から運航が止まっている。5月下旬、同社代表が公民館役員らに運休を説明していたし、**有限会社安栄観光**も同航路で運航しているので観光的な影響はそれほどなかったんだけど、問題は住民の生活だ。**安栄観光の貨物船第2ぱいかじ**は危険物取り扱いの認可を受けていないので、発電施設やトラクターなどで使用する燃料を搭載することができない上に、工事用の鉄筋や大量の冷凍食品も運べないため、住民や業者からの不安の声が広がっている。

**〈あざらし解説〉**

　どーしてこんなことになったのかというと、小泉政権以来、国が推進している**規制緩和**により、新規参入が容易になったからだ。

　結果、2社も運航する必要がない航路に**競争原理**が持ち込まれたため、補助金なしでは持ちこたえられない方の会社が破綻したんだけど、国の新規参入条件には燃料の運搬という離島住民の生活や産業に直結する項目がないため、勝ち残った方の船にはその能力がなかったってことね。**竹富島のバス問題**にしろ、離島に競争原理を持ち込むと、ろくな結果にならないのは明白なので、国が推進しているTPP＝もっと儲けたい人が、もっと儲けちゃう世の中の行き着く先が暗示されている気がするよ。

　ちなみに、この問題は撤退した**波照間海運**が所有していた貨客船**フェリーはてるま**(194t、定員50人)を同年10月6日から**安栄観光**がリニューアル運航することで決着したのでした。

## イリオモテヤマネコ非常事態宣言

**【2013年10月25日／西表島】** 国の天然記念物**イリオモテヤマネコ**の交通事故が今年になって**6件**発生したのを受け、環境省西表野生生物保護センターと竹富町自然環境課は三年ぶりの「非常事態宣言」を発表した。

　10月20日、**西表島**美田良の県道で交通事故死した**イリオモテヤマネコ**が発見された。**ヤマネコ**の交通事故は今年になって**6件目**(うち死亡事故**5件**)で、過去最多だった2001年と2010年の**5件**を上回り過去最高となったため「非常事態宣言」が発表された。**イリオモテヤマネコ**の交通事故は記録がある1978年以降36年間で**62件**発生。平均すると**年間1・72頭**という数字からも10月で**6件**がいかに多いかがわかる。

　まさに「非常事態」だ。

**〈あざらし解説〉**

　地球上で**西表島**にだけ生息する**イリオモテヤマネコ**の生存数はは**100頭前後**だ。近親交配を避けるためにも少しでも数が欲しいところなのに**60頭**の交通事故死は大きすぎるよね。近親交配で生まれた子は病気のリスクが高いので、**イリオモテヤマネコ**はもはや絶滅寸前。ネコを避ける程度の運転技術がない人間は車を運転しないでいただきたい。

## 牛との綱引き復活 第22回黒島牛まつり

**【2014年2月23日／黒島】** 黒島多目的広場で開催された**第22回黒島牛まつり**に島内外から**4000人**が参加(主催者発表)。牛の体重当てクイズや**きいやま商店**のライブなどで盛り上がった。4年ぶりに復活した**牛との綱引き**は体重770キロの**ミルクユガフ笑軍《しょうぐん》**に5人組5チームが挑んだけど、圧勝ならぬ圧敗でした。

## 南ぬ島石垣空港開港一周年♀

**【2014年3月7日／石垣島】**南ぬ島石垣空港（新空港）が開港一周年を迎えた。乗降客数は2月12日、一周年を待たずに**200万人**を突破。観光客数も目標の85万人を大きく上回る過去最高の**94万2964人**を記録した。路線数も増えた。旧空港では**JTA**（日本トランスオーシャン）**4路線**、**ANA**（全日空）**4路線**、**RAC**（琉球エアーコミューター）**3路線**の**計11路線67便**だったのに対し、新空港は**ピーチ**が6月に関西線、9月に那覇線の**2路線**、**スカイマーク**が7月に那覇、神戸、成田の**3路線**で運航を始めたため**計16路線78便**に増えている。

格安航空会社の参入により既存の航空会社も運賃を値下げ。主要路線の石垣－那覇間は大手航空会社も早期予約割引を利用すると片道**5000円**を切った。

**〈あざらし解説〉**

この少し後に発表された2013年4月～2014年3月の年度集計では年間乗降客数は**218万5791人**で、前年度の168万6501人から**30%増加**。旧空港で過去最高だった2006年度の195万7361人を上回る**過去最高**を記録している。この数字を支えたのは意外にも格安航空ではない。4路線から5路線に増えた**ANAの羽田線**だ。滑走距離の長い**中型機**を運航させたことで前年度から**215・5%増**と飛躍的に伸びている。結果5路線合計で**91万5474人**と前年より**29・3%**増やして、**JTAの81万1215人**を抜いて航空会社別で初の**トップ**に躍り出ている。

**RAC**が前年度より**55%**も増加したのは与那国路線が好調だったからなのね。

※各社の路線数は現在は縮小、変更されています。

## 消費税増税でバス運賃も値上げ♀

**【2014年4月1日／沖縄本島／八重山各島】**消費税増税に伴い、沖縄本島と八重山地区の**路線バス**と**ゆいレール**（沖縄都市モノレール）の運賃が値上げされたので、その一覧。

**ゆいレール**は260円区間を除いて各区間で**10円アップ**。**沖縄本島**を走る路線バス4社は那覇市街線の初乗り運賃160円のみ据え置くけど、運航距離に合わせて**10円刻みで増額**した。

**石垣島**の南ぬ島石垣空港～バスターミナルは現行の520円から**540円**に、バスターミナル～白保は10**円アップの410円**、バスターミナル～川平は**10円上乗せの680円**にそれぞれ引き上げられた。

**竹富島交通**は港～集落の200円は現行で据え置き、港～カイジ浜を**10円アップの310円**に値上げした。

**西表島交通**は初乗りは現行の130円は据え置き、上原～星砂の浜は**160円**、大原港～由布水牛乗り場は**400円**にそれぞれ**10円アップ**。大原港～上原は**20円上乗せ**して**940円**に引き上げた。

**〈あざらし解説〉**

運賃値上げもさることながら、**竹富島**のバス路線やバス停の改悪が気になる。旅人よりも、島民からの不満の声が多いからね。

そうか、**黒島**、**小浜島**、**鳩間島**、**波照間島**は路線バスがないんだったね。

## 時給120円増でも八重山は人手不足

**【2014年5月／石垣島】**新空港開港に伴う観光客の増加に対応すべく、八重山地区のホテル、飲食業は従業員を募集しているものの人手不足は著しく、それまでの八重山地区の平均時給**750円**から**800円**、**850円**、中には120円増額の**870円**で募集をかけたホテルもあるけど、状況は変わっていない。

八重山公共職業安定所によると、2012年度は求人**492件**に対して求職者数は**181人**で、求職者一人当たりに何件の求人があるかを示す有効求人倍率は**2・7倍**。2013年度は求人数が**375件**増の**867件**に対し、求職者数は15人増の**196人**だったので、有効求人倍率は**4・4倍**に広がっている。

**〈あざらし解説〉**

安倍政権が経済対策の柱として掲げている**賃上げ**が実行されても、人手不足解消の有効な手立てになっていないんだね。島外からの旅人だけでなく、島民がちょっと飲みに行くにしても、行く店、行く店の入り口に「アルバイト急募」の貼り紙がベタベタ貼られているのは興ざめだし、人手不足のまま営業し続けるとホスピタリティや味、品質など**CS**（**顧客満足度**）が低下するだけでなく、既存従業員の仕事量の増加からくる不満など**ES**（**従業員満足度**）の低下も懸念され、観光産業としていいことはひとつもないので、安倍政権が狂ったように推進している「企業の売上増」が実は利用者も従業員も幸せにしていないという現実をそろそろ直視しろよな、と憤る次第。

## ファミマ石垣進出でコンビニ戦争勃発

**【2014年5月9日／石垣島】**石垣島に行くと必ずといっていいほどお世話になる**ココストア**の**石垣島20店目**となる店舗が美崎町にオープンした。前身の**ホットスパー**時代を含めると、**石垣島**に進出して**24年**。5月末には**21店舗目**がオープンする予定だ。

一方、沖縄県内で**236店舗**を展開する（4月現在）**沖縄ファミリーマート**が10月に**石垣島**に進出することを表明した。2015年2月までに**石垣島**に**15店舗**、将来的には**18店舗**を展開する計画で**400人**の雇用を創出すると見込んでいる。

**〈あざらし解説〉**

うちの近くの**セイコーマ**

**ート**は店主が釣ってきた魚を売ったり、近所の農家が作った枝豆を売ったりして（これが超美味）個人商店の薫りがプンプンするのが魅力だったのに、最近はフランチャイズの締め付けが厳しいらしく、普通の没個性なコンビニに落ちぶれてしまった。**ココストア**の魅力はまさしく、刺し身を売ったり酒が充実していたりという各店舗の個性だ。**沖縄ファミリーマート**と闘う武器は「個人商店の薫り」に尽きると思う。イオン系のPB商品の充実とハイブリッドで闘うと勝機は十分ある。

かつては伝家の宝刀だった「雇用創出」という言葉の価値が進出先の石垣島では著しく低下している中で、400人の雇用創出と高らかに謳うのはどーなん？

## 黒糖の味が島毎に大きく変わりそうだ

**【2014年5月／小浜島／西表島】** **含蜜糖**（**黒糖**）を製造している**西表島**と**小浜島**でサトウキビの刈り取り時期（12月～4月）における労働力不足が問題になっている。**西表島**では十分な人員確保ができず、2年連続で収穫作業が遅れたため、刈り取り機の導入を検討。

**小浜島**でも農家の人手不足から収穫作業に追われ、同時期の肥培管理に手が回らないので集中脱葉施設の整備を要望している。

**石垣島**ではハーベスター（刈り取り機）の導入で農家の労力低減を補っているけど、製造過程で蜜を分離させるため酸化の影響を受けにくい**分蜜糖**（**白糖**）を製造しているから可能なのであり、ハーベスターは一本のサトウキビを数本に分断して収穫するため、製糖工場に運ぶまでの間に分断面から酸化が進み、商品が劣化する**含蜜糖**（**黒糖**）には向いていない。昔ながらの手作業が最も酸化を防ぐので機械化は難しいのが現状だ。

**〈あざらし解説〉**

同じく黒糖を製造している**波照間島**では100戸以上ある農家が17班に分かれて、刈り取り時期をずらしながら共同で収穫する**ユイマール方式**が定着しているため、島外からの非継続雇用労働力に依存していない。

一方、**小浜島**や**西表島**は労働力の確保を日本中を旅しているような島外の季節労働者に依存してきたため、季節労働者が東北の復興事業や東京五輪に向けた建設工事に奪われる中、見捨てられた格好となったんよ。

今後、**ハーベスター**が導入されると、あんなに美味しかった**西表島**の黒糖の味が落ちるのは避けられないと思う。黒糖は唯一**手刈り**している**波照間製糖**に限るってことになりそうだぞ。

## 沖縄でアザラシ発見地元で大ニュースに

**【2014年6月24日／渡嘉敷島】** ゴマフアザラシとみられるアザラシが**渡嘉敷島**で発見された。主に北海道のオホーツク海に生息するゴマフアザラシがどうして沖縄まで行っちゃったのか専門家も首を傾《かし》げている。

過去、九州で発見されたのが南限で、沖縄での発見は初めて。**美ら海水族館**の宮原館長は「自力で泳いできたとは考えられないので、船の漁網に引っ掛かってきたのではないか」と推測している。

**〈あざらし解説〉**

このニュースは沖縄タイムスで「YOUは何しに渡嘉敷に」という見出しで大きく取り上げられたため、地元では大きな話題になった（全国ニュースにも採用されたほど。）実際、おいらのところにも「あざらしくん、この前**竹富島**に来てたと思ったら、今度は**渡嘉敷島**に来たんだね(笑)」みたいなメールがいっぱい届いたもんね。早速、地元テレビ局が撮影しようと探したけど、26日になっても姿は確認されず、「渡嘉敷のアザラシはどこに行ったのでしょう」と、みんなが心配する中、発見から四日後の6月28日、**渡嘉敷島**南端の**ウンノシル**と呼ばれる岩場の水たまりに浮かんでいるのが発見されたんだ(涙)。

脇腹に歯型らしき傷痕があったって話だけど死因は不明。肉の塊みたいな美味しそうな生き物が、慣れない南の島で衰弱してたら、そりゃあ狙われるよね。というところで紙幅が尽きたので、この続きは次号ね○。

# ブリツジン

どーも。あざらしです。北海道いい旅研究室の読者欄に掲載した葉書、未掲載の葉書を併せて紹介しますね。今回は2ページだけだけど、次号はパワーアップしてお届けしたいので、感想を送ってね♀

## 怖くて行けません

8年ほど前から、毎年冬の間2カ月を**石垣島**で暮らしています。**石垣島&竹富島**の記事、楽しく読みました。ただ、冬しか行かないので、紹介しているパイン、グァバ、ぜんざいなどを楽しめないのが残念です。夏に行くと死ぬほど暑くて、巨大ゴキブリが多いと聞き、怖くて行けないのです。**TONY**の**栄福食堂**のおじさんに会ったらびっくりしますよ～。**カイジ浜**の写真いいですねぇ。**【静岡県／か～らたんさん(73歳)】**

1月に**那覇**に呑みに行った際、あざらしさんが紹介していた公設市場の**古本屋ウララ**へ行き、事前に買っておいた「**那覇の市場で古本屋**」持参で宇田智子さんにお会いし、本にサインを頂きました。おとなしい方でした。5月も**那覇**に呑みに出かけます。久茂地3丁目の**肴菜**という店が行きつけです。気が向いたら是非♀ **【東区／hiroG3(60歳)】**

## またTONY♀

**栄福食堂**のおっちゃんは楽しい人です。昔、マグロ船に乗って海を渡った時の話をしてくれたり、自分のボートで釣りに連れて行ってくれたこともあります。**湯宿だいいち**の若女将の親戚の**かみやーぎ小**で買い物をしたら、おまけがすごかったです(笑)。**【東京都／武さん(47歳)】**

20年ほど前、フェリーがあった頃、チャリを持って**石垣島**に行ったなぁ。夏の昼なんて店がみーんな休み。いいとこですねー。有名になりすぎたけど**海人**のTシャツ、石垣港から少し離れた古民家で手作りで作り始めたころ、Tシャツ2枚買ったら、サービスでタオルくれたっけ。**【兵庫県／チュンスズメ(53歳)】**

沖縄本島から船で石垣島に行ったんだね♀ いいなぁ～♀

若い頃は**北海道7：沖縄&八重山3**の割合でしたが、現在は逆転しました(寒がりになった)。あざらしさんも近年その傾向が……!? **【東京都／ペンちゃん(67歳)】**

ぎくっ。って、そんなわけないでしょ。北海道が一番さ♀

➡右のイラストは北と南のコラボレーションということで、あざらしくんたちとシーサーくんの入浴場面なり。で、サブタイトルは**クンネチュプライを見たかい?号**。**クンネ**はアイノイタク(アイノの言葉)で**夜**、**チュプ**は**お日様**、**ライ**は**逝く**なので、**クンネチュプライ**は「夜のお日様が逝く」で**月食**のことなのだ。「お日様が呑まれる」という意味で、日食や月食を**チュプアルキ**とも言うんよ。アイノは森羅万象に神(カムイ)が宿ると考えるので、お日様やお月様は**チュプカムイ**や**クンネチュプカムイ**なのです。

毎年12月に八重山に行っていますが、去年はクレーン乗船&下船したさに**南大東島**、**北大東島**に行ってしまいました。クレーン乗船&下船は確かに楽しかったですが、やはり開拓者が八丈島出身のせいか、あまり感動がなく、結局また1月に**波照間島**に行ってしまいました。北海道からだと飛行機代が高いのでなかなか頻繁に行けないのが残念ですね。

**【中央区／シンリンさん（45歳）】**

ダイビングで**石垣島**に行ってから海と島にすっかりはまってしまい、ここ数年は道内の温泉から足が遠のいていましたが、この本を読んで、また道内の温泉に行きたい気分になりました。と同時に、またまた**石垣島**にも行きたくなっちゃいました。
**【中央区／EVO太郎さん（47歳）】**

## 八重山ガイド

**八重山ガイド**感動です。ホタル見たいな〜。**竹富島**の写真が懐かしくって嬉しくって〜。わたしが行ったのは30年以上も前のことです。
感激で、竜宮城に行った浦島太郎っ子でした♥ 当時はバスも牛車もなかったし一人で心細かったけど、海沿いに島を歩いて一周して星砂を拾いました。また行きたいですぅ〜♥
**【西区／えぞももんが明子さん（57歳）】**

**八重山ガイド**面白かったです。不法侵入者になりかけた話、笑えました〜♀ 新婚旅行で**石垣島**、**竹富島**、**西表島**に行ったので懐かしかったです。**なごみの塔**からの景色、チャリンコと石垣の写真が「うちのと同じだ♀」と夫と嬉しくなってしまいました。**石垣島**で食べたパパイヤサラダのおいしさが忘れられません♥
**【豊平区／たらのこさん（37歳）】**

## 北海道人じゃないけど

北海道人じゃないけど、**北海道人のための八重山ガイド**、めっちゃ楽しかったです。**石垣島**、**竹富島**、**西表島**と巡った日を思い出して、そうそう♀とうなずきながら読みました。元大阪の信州人にも同じ現象が当てはまり、あざらしさんが暑さにやられている様子が手に取るようで笑えました。**竹富島**の自転車は本当にいいですね。夜もゆっくり飲みたかった。**黒島**にも行ってみたくなりました。

**【長野県／ごんちゃん（48歳）】**

**八重山ガイド**、懐かしく読みました。3年前に**石垣島**、**竹富島**、**西表島**を二週間ほど歩きました。**やーるー**、**やちむん館**、**山田書店**、**五香屋**、懐かしいです。でも、冬の沖縄は曇りばかりで、友人は一週間いて太陽を一度も見ないで帰りました。
**【愛知県／もこもこもっちさん（65歳）】**

**北海道人のための八重山ガイド**は兵庫県民のためにもなります。読み進むうち、現地に行ったような気分になるから不思議。ママチャリ借りて島めぐりしたいよ〜。しかし、**黒島研究所**も入ってほしかったな〜。

**【兵庫県／早苗さん（49歳）】**

あの後、黒島研究所には2年連続で行ったよね。

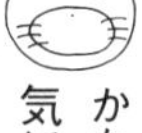
かなりお気に入りのスポットだよ♪

**【葉書、eメール大募集♀】**

この本の**感想**や、みんなの南の島旅の**笑えるエピソード**を大募集しています。

ただし、必ず**住所**、**氏名**、**年齢**を書くようにね。ペンネームの場合も本名が無記入の場合は掲載しません。

葉書、eメールともに送り先は132ページ参照。

なお、次号の発売を確実かつ迅速に知りたいなぁって人は「**メールマガジン希望**」と書いたメールを送ってくださいな。発売日（今のところ全く未定）が決まり次第、**いい旅ニュースレター**（結構楽しい内容だよ）でお知らせしますね。

← 100ページに登場している**宇田智子**の「**那覇の市場で古本屋**」（ボーダーインク／2013年7月発行／1600円+税）にはあざらしが三回も登場するよ。ジュンク堂も辞めて、那覇に移住して、日本一小さな古本屋の店主になるまでの小さな物語なのです。

# 北海道人のための南の島ガイドブック

## 石垣島、竹富島、小浜島、波照間島、黒島、西表島、屋久島、沖縄本島

初版発行…2015年1月20日

編集・発行人…舘浦あざらし
文章と写真…上江洲儀正（石垣島／南山舎）38-39page
福里 淳（石垣島／南山舎）68-69page
畠中多栄二（屋久島／サウスアイランド）96-97page
マンガ…山下あけみ（屋久島／埴生窯）92-95page
文章…和宇慶いさお（沖縄本島／コザ）115page
新城和博（沖縄本島／ボーダーインク）116-118page
上記以外のすべての文章と写真…舘浦あざらし
イラスト…ヒロセヒロコ（石垣島／於茂登窯）
校正…森林未知代
デザイン…舘浦あざらし
ＤＴＰ…飯野栄志

印刷・製本…ワークプリント札幌
取次…北海道教科書供給所（道内）／兼商（道内）
／地方・小出版流通センター（道外）
発行…**のんびり出版社 海豹舎**
〠065-0024 札幌市東区北24条東3丁目1-16
☎011-751-7757（留守番電話専用）FAX011-663-6626

**【著者プロフィール】**
舘浦あざらし…1963年、小樽市朝里川温泉生まれ。「北海道いい旅研究室」編集長。
沖縄の「Wander」や石垣島の「月刊やいま」にコラムを執筆したり
北海道の本に首里やコザ、石垣島の友人たちにコラムを書いてもらったりと
とっても地味だけど、沖縄と北海道の異文化交流の架け橋の一端を担おうと奮闘中。
著作は「温泉の神様の失敗」（柏艪舎）、「温泉番長ほっかいどう」（海豹舎）など。
ＨＢＣラジオ（北海道放送）の「朝刊さくらい」に毎週火曜日の朝7:40ぐらいから
「あざらしの朝から旅日記」レギュラー出演中（道外でもラジコで聴けます）

**【拙誌の感想、南の島での笑える話、広告主大募集】**
拙誌の感想や、あなたが体験した南の島での笑えるエピソードを募集します。
次号に掲載させていただいた場合は（次号が出たらだけどね）、掲載誌を進呈します
ので、必ず住所、郵便番号、氏名、年齢（これが重要）、ペンネームも書いてください。
ペンネームがない場合はファーストネームで掲載しますね。
あと、いつ出るのかも決まっていない（そもそも出るのかどうかも不安な）本では
ありますが、次号に広告を載せてもいいよ♀という粋な若旦那を募集しております。
広告代金は3万円～20万円ですので、北と南をつなぐ出版文化を応援しちゃうぜ♀
と思ってしまった知的なあなたはメール（下記アドレス）かFAX（011-663-6626）で
連絡くださいな。感想やエピソードも同じ宛て先です。
メール便や宅配便、直接持ち込み、電話での問い合わせは受け付けられませんので
何か用件がある場合はくれぐれもメールかＦＡＸか郵便で連絡してくださいね♀
iitabi@clickweb.sakura.ne.jp

本書の内容や料金や時間などの各種データは本文中では取材当時のままで掲載し
欄外にて2014年10月31日現在に訂正しています。
入場料や宿泊代、交通費などはすべて税込みの大人料金です。
2014年4月の消費税増税（8%）は反映していますが、料金を見直す業者も多いので
掲載している情報とところどころ変更になっている場合もあります。

第２弾も
お楽しみに！
ただし、この本が
いっぱい売れるか、
広告をもらえたら
だけどね……